西安电子科技大学"芯"青年"集成电路强国行"主题实践纪实

ZHUI XIN
GANSHOU XIN SHIDAI MAIBO
TANXUN ZHONGGUO XIN JINGSHEN

追芯

感受芯时代脉搏
探寻中国芯精神

主　编　郝　跃　肖　刚

副主编　刘金龙　胡辉勇

参　编　杜永志　李欣芮

王　猛　龙　俊

王　甜　王　铭

张鹏飞　费　菲

西安电子科技大学出版社

内 容 简 介

本书是西安电子科技大学集成电路学部"集成电路强国行"主题实践成果汇编，包括 4 个篇章：调研报告、行业分析、访谈记录以及朝阳之声。调研报告通过对比分析中国集成电路产业人才需求侧与供给侧的差异，为高校集成电路人才培养改革提供了宝贵的意见和建议；行业分析通过岗位能力图谱的形式展现了全产业链中各核心岗位在专业知识、技术技能、工程实践及综合能力等方面的要求，为学生尽早明确职业目标、做好职业规划提供了便利；访谈记录通过记叙优秀校友的成长历程，用榜样的力量激励在校学生勇立时代潮头，勇担历史责任与使命；朝阳之声则是参与实践的学生对个人见闻和成长的分享与感悟，从学生视角展现了"集成电路强国行"主题实践活动的育人成效。

图书在版编目（CIP）数据

追芯：感受芯时代脉搏 探寻中国芯精神/郝跃，肖刚主编.--西安：西安电子科技大学出版社，2025.7.-- ISBN 978-7-5606-7634-0

Ⅰ.F426.63

中国国家版本馆 CIP 数据核字第 2025JC2595 号

策 划 邵汉平 肖静娟
责任编辑 肖静娟
出版发行 西安电子科技大学出版社（西安市太白南路 2 号）
电 话 （029）88202421 88201467　　　　邮 编 710071
网 址 www.xduph.com　　　　　　　　　电子邮箱 xdupfxb001@163.com
经 销 新华书店
印刷单位 河北虎彩印刷有限公司
版 次 2025 年 7 月第 1 版　　　　2025 年 7 月第 1 次印刷
开 本 787 毫米×1092 毫米　　1/16　　印 张 17.5
字 数 223 千字
定 价 49.00 元
ISBN 978-7-5606-7634-0
XDUP 7935001-1
***** 如有印装问题可调换 *****

前 言

　　集成电路产业作为信息产业的核心组成部分，不仅承载着推动经济社会发展的重任，更是保障国家安全不可或缺的战略性、基础性和先导性产业。2018 年至 2022 年期间，中美科技战持续升级，推动集成电路产业由全球分工向区域闭环发展；美国、日本及一些欧盟成员国密集发布支持政策，以加快集成电路产业锻长补短。在此背景下，人才成为国家和企业竞争的重要战略资源。

　　2022 年 10 月 16 日，党的二十大报告作出"加快实现高水平科技自立自强"的重大部署，并强调"教育、科技、人才是全面建设社会主义现代化国家的基础性、战略性支撑"。2024 年 6 月 24 日，习近平总书记为国家最高科学技术奖获得者等颁奖并发表重要讲话，提出要创新人才培养模式，提高人才自主培养水平和质量。同时，他强调要加快建设国家战略人才力量，着力培养造就更多卓越工程师、大国工匠和高技能人才。

为深入贯彻落实党的二十大精神和习近平总书记相关讲话精神，不负总书记对青年"有理想、敢担当、能吃苦、肯奋斗"的期望，探明中国"缺芯"之痛的关键因素及深层原因，2024年7月，西安电子科技大学集成电路学部组织开展了"集成电路强国行"主题实践活动，近千名西电"芯"青年奔赴10余省市、20家科研院所、63家行业重点企业和顶尖高校，开展全产业链企业课程学习、工程项目攻关和流片项目实践，与2家标志性单位签订了战略合作协议。"集成电路强国行"主题实践是在原有行业社会实践活动基础上的全新升级，这项活动已持续开展6年。在这场"行走的思政课"中，实践队员不懈努力，持之以恒，深入行业一线。在实践学习中，他们对国情民意有了更深刻的理解，对芯片产业的现状有了更为清晰的认识，进一步激发了专业志趣，确立了科技报国的宏伟目标。

本书是"集成电路强国行"主题实践成果汇编，包括4个篇章：调研报告、行业分析、访谈记录以及朝阳之声。调研报告通过对比分析中国集成电路产业人才需求侧与供给侧的差异，为高校集成电路人才培养改革提供了宝贵的意见和建议；行业分析通过岗位能力图谱的形式展现了全产业链中各核心岗位在专业知识、技术技能、工程实践及综合能力等方面的要求，为学生尽早明确职业目标、做好职业规划提供了便利；访谈记录通过记叙优秀校友的成长历程，用榜样的力量激励在校学生勇立时代潮头，勇担历史责任与使命；朝阳之声则是参与实践的学生对个人见闻和成长的分享与感悟，从学生个人视角展现了"集成电路强国行"主题实践活动的育人成效。

展望未来，"集成电路强国行"主题实践活动将继续秉承"科技报国、创新引领"的宗旨，不断探索和实践新的教育模式与方法，为培养更多具有创新精神和实践能力的优秀科技人才贡献力量。同时，我们也期待更多的青年学子能够加入到这一行列中来，共同书写我国集成电路产业自主创新和高质量发展的辉煌篇章，让青春和智慧在科技报国的伟大事业中绽放光彩。

目录

1

03 访谈记录 "芯"火永相传，青春正激昂

04 朝阳之声　青春承壮志，青年踏"芯"途

聚焦产业链，激活人才链

导　言

　　集成电路产业是新质生产力科技创新的急先锋，更是支撑经济社会发展及保障国家安全的战略性、基础性和先导性产业。随着中美科技竞争的加剧，该产业正逐步向区域闭环发展，各国和地区纷纷出台政策支持，人才成为竞争的关键。我国正处于技术突破的关键时期，迫切需要产业领军人才、专业技术人才和基础研究人才等有力支撑，人才已成为影响产业发展速度和质量的核心要素。

　　为深入了解芯片行业的痛点，为芯片产业发展和高校人才培养找准方向，西安电子科技大学（简称西电）集成电路学部西电"芯"青年实践团以"集成电路人才供需现状"为主题，采取非概率抽样方法——判断抽样，选取部分具有代表性的城市、企业、科研院所作为调查对象，进行了此次行业实践。调查组实地走访了北京、上海、深圳、天津、杭州、苏州、无锡、成都、重庆、西安、珠海、合肥、芜湖、天水等14个城市，对北方华创科技集团股份有限公司、京东方科技集团股份有限公司、中国科学院半导体研究所、清华大学、北京大学等83家行业重点企业、科研院所及顶尖高校进行了问卷调研，并对89名西电校友进行了访谈，每次访谈平均时长达到了2小时。

调研发现，高校培养的人才与企业的需求基本匹配，但在某些方面仍有不足，主要表现在西电学生普遍低估专业基础知识的重要性，并对专业基础知识的掌握程度不够自信；同时，学校在学生沟通表达能力、实践动手能力和跨学科迁移能力等方面的培养还有待加强。基于此，我们提出了在集成电路人才培养过程中的改进思路，应着重加强学生跨学科实践科研能力、沟通表达能力以及专业基础知识认知等方面的培养与提升，以更好地满足产业发展的需求。

第一节　调研目的

　　西安电子科技大学集成电路学部西电"芯"青年实践团通过实地考察芯片相关企业、科研院所及高校，深入分析了我国当前芯片产业供给侧与需求侧的不匹配问题，探讨了现阶段芯片产业对人才专业能力的需求，并为高校相关专业的设置、人才培养方案的修订、课程体系的完善、师资队伍的建设，以及理论教学与实践教学的融合等方面提供了客观、科学的依据及政策建议。这些建议旨在更好地培养芯片产业急需的高素质人才，以满足我国芯片产业高速发展和加快创新的迫切需求，从而有效解决芯片产业人才供需错位的重大问题。

第二节　调研背景

　　中国芯片产业面临着核心技术受制于人、自主创新能力不足和关键技术及材料依赖性强的严峻挑战，随着芯片制造工艺逐渐逼近摩尔定律的物理极限，传统发展路径受到阻碍，必须在材料、结构和工艺等方面寻求新的突破。此外，全球范围内的竞争加剧，特别是来自美国、日本、韩国和欧洲一些半导体强国的企业在技术、资金和市场方面的明显优势，进一步加大了中国芯片产业的压力。

　　近年来，我国政府高度重视芯片产业的发展，出台了一系列政策和措施，以推动国产芯片的自主研发和产业化。我国正在加快布局芯片产业链的各个环节，力求在关键技术上实现自主可控，减少对国外技术的依赖。习近平总书记在多个场合强调了芯片产业的重要性。他强调，装备制造业的芯片相当于人的心脏，心脏不强，体量再大也不算强。他还指出，关键核心技术要不来、买不来、讨不来，必须依靠我们自己。这一系列重要论述为我国芯片产业的发展指明了方向，也彰显了国家在芯片技术自主创新方面的坚定决心。

第三节　调研结果分析

（一）需求侧的市场动态分析

1.集成电路企业人才能力需求

（1）重点能力解析。调查集成电路产业人才供需匹配程度，首要任务是明确集成电路产业要求人才具备的关键技能。我们向北京、上海、苏州等15个城市的多家集成电路企业的HR和资深工程师发放需求侧问卷并进行了访谈，基于他们对行业人才招聘、培养以及目前人才缺口的感性认知和理性分析，得到了集成电路企业对集成电路行业人才的关键技能需求。

结果显示，集成电路企业认为，专业基础知识、实践动手能力、迁移研究能力、团队领导能力、沟通表达能力和重难点问题攻关能力是集成电路产业人才最重要的六项能力，这些能力要求符合集成电路产业的行业属性和产业特点。

专业基础知识——集成电路产业技术日新月异，要求从业者具备扎实的专业基础知识。从业者需对电子学、半导体物理、电路设计、芯片制造工艺等领域的知识有深入理解和掌握。这些知识是解决复杂技术问题和推动创新的基础，也是产品设计和制造质量及可靠性的保障。

实践动手能力——集成电路产业具有技术高度密集和实验性强的特点，需要从业者能够将理论知识转化为实际的产品和解决方案。实践动手能力能够帮助从业者在研发和生产过程中快速定位并解决问题，提高工作效率及质量。

迁移研究能力——随着技术的不断进步，集成电路领域经常面临技术迁移和转型的挑战。从业者需要具备跨越不同技术平台和工艺节点的能力，快速掌握新技术、新工艺，并将其应用到实际项目中，以保持竞争力和创新能力。

团队领导能力——集成电路产业是智力密集、人才密集、资金密集的产业，多数从业者都具备较高学历和专业素质。管理好、应用好、激励好这样一支高素质队伍对于企业而言，不仅是创新创造的需要，更是利润的保障。从业者在具备良好专业素养的同时，拥有良好的团队领导能力，有利于企业提升工作效率，从而保持行业竞争力。

沟通表达能力——集成电路产业涉及多方面的技术和专业术语，从业者需要具备清晰、准确地表达自己想法和技术观点的能力。良好的沟通表达能力有助于从业者高效地与团队成员、客户、合作伙伴、投资者等进行沟通，能够更好地促进项目合作并加速项目推进。

重难点问题攻关能力——在集成电路设计和制造过程中，常常会遇到复杂和棘手的技术问题，如性能优化、功耗管理、可靠性等方面的挑战。面对这些问题时，具备攻关能力的从业者能够迅速定位问题的关键点，制订有效的解决方案，推动项目顺利进行。

（2）重点能力差异化分析。通过量化分数处理，我们得到了以上六项能力的重要程度得分（满分为5分，下同），如图1所示，这说明它们都在集成电路产业人才塑造中起到了关键作用。关注其差异可知，专业基础知识的掌握在重点能力中占据最重要的地位，这证明了高校对学生专业基础培养的重要性与必要性。同时，企业对人才的团队领导能力在六项重点能力中的要求相对较弱，这说明在集成电路这个技术密集型行业中，企业更看重从业者的专业水平及实践能力，对岗位的胜任力要求高于团队领导能力。

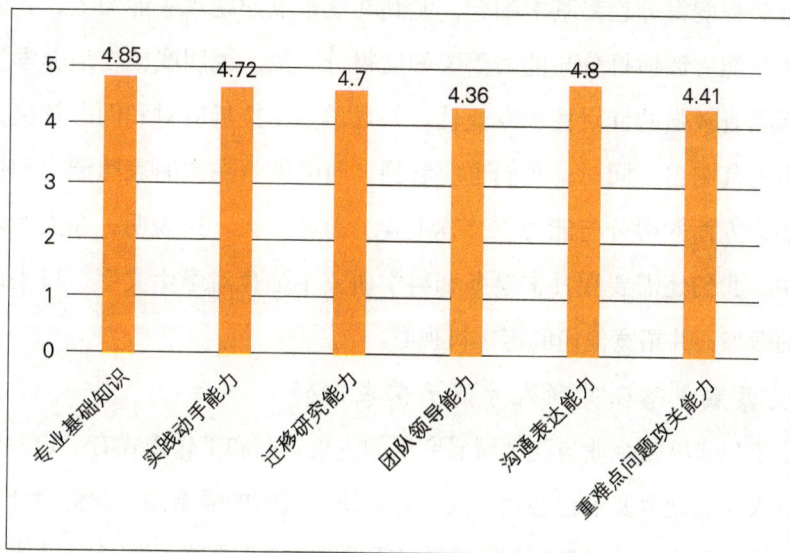

图 1　企业端各项能力重要程度得分

企业对西电学生的各项能力评估打分，如图 2 所示。

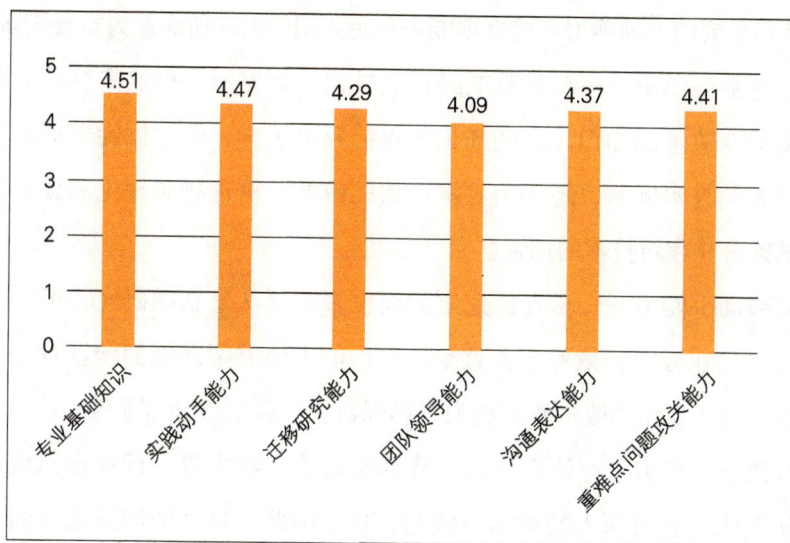

图 2　西电学生的各项能力企业端得分

由以上两图对比可知，企业对西电学生各项能力的评估打分与各项能力的重要程度得分趋势基本吻合，尤其在重难点问题攻关能力上，企业对西电学生能力评估打分与能力重要程度得分一致，说明我校在培养学生能力方面具有较强的针对性和专业性，并且学生在挫折应对和问题解决方面的能力尤其突出。同时，我们也应看到，西电学生在沟通表达能力和迁移研究能力方面的得分与能力重要程度得分差距较大。这表明，在人才培养过程中，我们还需要在日常事务和科学研究中强化对学生文字、口头表达能力的锻炼，并拓宽他们的跨学科视野。

2. 集成电路研究所人才能力需求调研

由于集成电路企业与同领域研究所的主攻方向和工作模式有一定差别，所以对人才的能力要求也必然不同。针对研究所端的需求侧，我们设计了不同的问卷，面向15个城市的多家研究所发放，并对相关研究所从业人员进行了访谈，用以分析集成电路行业中研究所对人才的关键技能需求。

（1）重点能力解析。结果显示，集成电路领域研究所认为，专业基础知识、实践动手能力、基础研究能力、沟通表达能力和专注投入能力是集成电路产业人才最重要的五项能力。这五项能力与企业端的人才所需能力重合较多。

专业基础知识——在集成电路行业的相关研究所，仍然需要从业者具备扎实的专业基础知识。这些知识不仅涉及电子学、半导体物理等与集成电路相关的技术领域，还涵盖更深层次的数学、物理相关理论和原理，以支撑基础研究和新技术的探索。

实践动手能力——尽管研究所的岗位多需要从事基础研究，但实践动手能力对从业者而言依然至关重要。这种能力能够帮助他们验证理论、实施实验，进而优化和改进研究成果，确保研究的科学性和可靠性。

沟通表达能力——研究所的工作通常需要与学术界、行业合作伙伴及国际研究团队进行深入的学术交流与合作。因此，良好的沟通表达能力对于从业者分享研究成果、争取项目资金以及推广新的研究思路至关重要。

除这三个相同点外，集成电路企业与研究所在人才需求方面仍存在一定差别。例如，企业更看重的团队领导能力、迁移研究能力和重难点问题攻关能力在研究所被基础研究能力和专注投入能力所取代。这主要是因为二者有不同的组织目标和工作重心，表现为以下两个方面：

一是企业的商业导向和市场需求。集成电路企业需要解决的是市场上的实际问题，如产品开发、制造流程优化、市场竞争等。因此，团队领导能力、迁移研究能力和重难点问题攻关能力等操作性强的能力显得尤为重要，以确保产品质量和市场竞争力。

二是研究所的科学探索和理论发展。研究所更注重基础性、探索性、预研性研究，其目标是推动科学前沿技术的发展和理论的创新。因此，基础研究能力和专注投入能力对确保科研工作的深度和创新性至关重要，而团队领导能力等运作型能力则相对次要。

（2）重点能力差异化分析。通过量化分数处理，我们得到了这五项能力重要程度的得分，如图3所示。

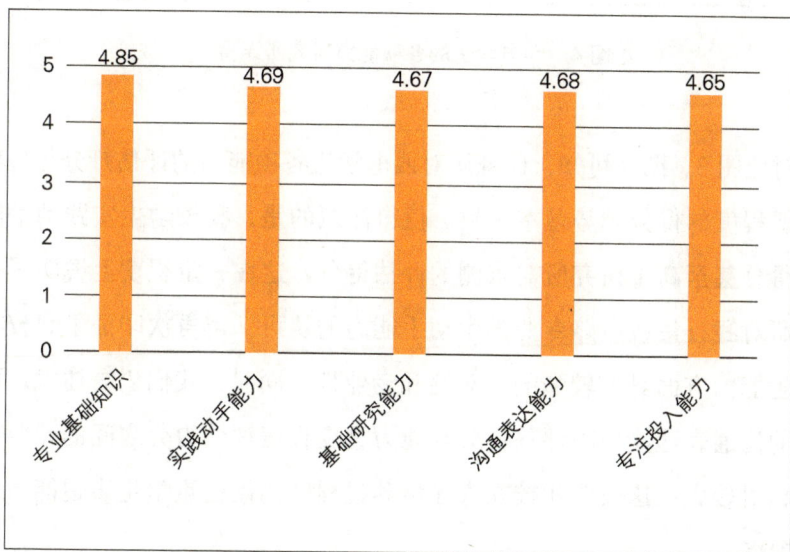

图3　研究所端各项能力重要程度得分

我们可以看到，这五项能力重要程度的差距更为细微，说明对于集成电路领域研究所的从业者来说，这五项能力需要均衡掌握。相较而言，专业基础知识仍然处于最重要的位置，这再次证明了高校专业基础培养对于学生成长来说具有极高的重要性。图4为西电学生的各项能力研究所端得分。

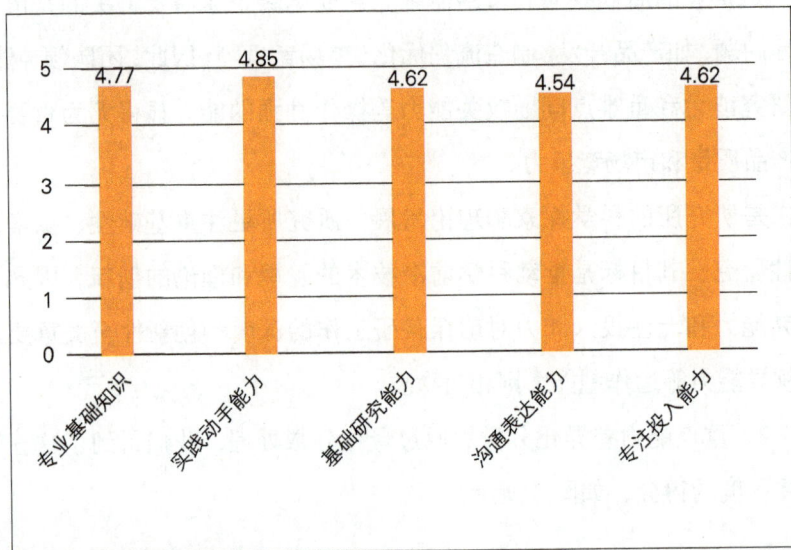

图 4　西电学生的各项能力研究所端得分

对比图3、图4可知，研究所对西电学生各项能力的评估打分与各项能力重要程度的得分趋势基本一致。值得注意的是，我校学生实践动手能力评估得分甚至高于研究所需求侧的评估得分，这在一定程度上说明了多数研究所对我校集成电路专业学生动手能力的认可，也再次印证了我校在培养学生能力方面具有较强的针对性和专业性。同时，我们仍需注意，西电学生的沟通表达能力项评估得分与能力重要程度评估得分之间的差距在五项中相对较大，这表明我校在人才培养过程中仍需注重学生表达能力的培养与锻炼。

（二）供给侧的培养情况分析

了解市场需求动态后，我们需研究目前集成电路行业的高校供给侧现状，以进一步分析其优点、存在的问题和未来的发展方向。

西安电子科技大学在我国被广泛认为是集成电路领域的重要高校之一，学校在集成电路领域的教学、科研成果及学生培养方面，有较多的公开数据和文献可供查阅。这些资源能够为分析提供充分的数据支持，有利于准确评估西安电子科技大学在集成电路人才培养方面的贡献和影响。除此之外，我校在电子信息领域拥有深厚的历史积淀和较高的学术声誉，尤其在集成电路设计、制造、应用等方面有较强的研究和教学实力。

因此，我们决定以西安电子科技大学为代表，分析行业内高校供给侧的现状。我们将通过深入探索西电在集成电路领域的教育质量、学生产出及其社会影响，评估高校在该领域的专业化程度、教育成果和产出效率，并较为全面地了解中国高校在集成电路人才培养方面的整体情况，进而为制定和优化集成电路人才培养政策、提升教育质量和满足市场需求提供参考。

基于前文对集成电路企业与研究所调查得到的人才重要能力反馈，我们制作了不同问卷，分别向西电的在校学生和已经工作的校友发放，调查他们对自身专业基础知识、实践动手能力、沟通表达能力、岗位认知能力等各项能力的评估，以此来分析高校供给侧对人才的培养现状。

1. 校友能力自我评估

（1）能力重要性认知分析。能力的发展不充分往往源于认知上对这项能力的重视不足，缺乏足够的认知可能导致资源分配不当、培训投入不足或者目标设定不准确，进而影响到能力的充分发展和应用。因此，我们首先对西电毕业的集成电路领域人才进行了调查，以了解他们对于上文所述各项能力的重要性认知情况，结果如图5所示。

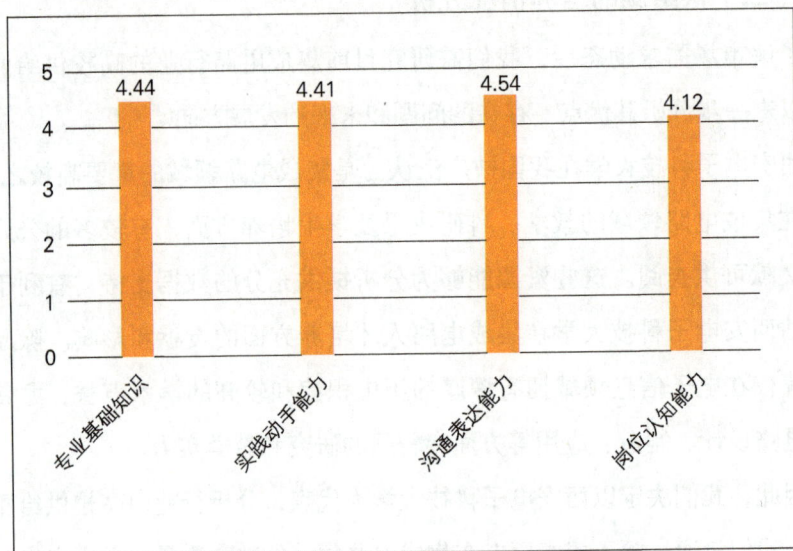

图 5 学生的各项能力重要性校友端得分

调查结果显示，已经毕业的西电校友对能力重要性的认知与企业和研究所中的资深工程师及 HR 基本相同，这反映了西电培养出的校友具备基本的集成电路领域人才认知基础，但是，他们在认知上仍然存在一定的差异，其中最为显著的就是对于专业基础知识的重要性评价。

这种现象反映了教育与职业实际需求之间可能存在认知落差。毕业生对专业基础知识的认知，可能受到教育体系强调实用技能或跨学科知识的影响。在高度技术化且快速变化的集成电路行业中，传统专业理论基础与新技术产品应用之间的衔接存在一些断层。这种现状的改变可能需要通过教育课程的调整和对行业实践的深入理解来解决，才能确保毕业生在职业生涯中更好地适应并持续发展。

（2）能力自我评估与上层评估。校友端问卷中包含了他们对上述能力的自我评估，如图 6 所示。对比资深工程师和 HR 对西电校友及学生的能力评估，可初步分析人才供需关系。

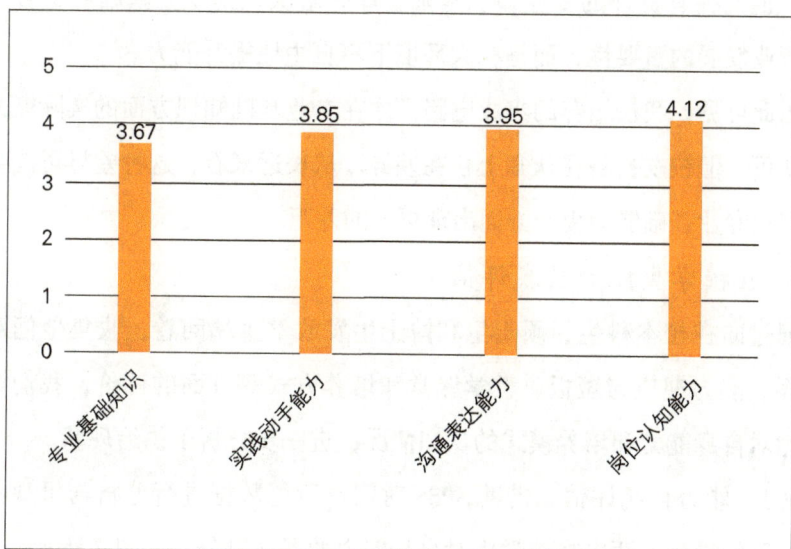

图 6　学生的各项能力校友端得分

结果显示，西电校友对自我能力的评估打分普遍低于企业端和研究所端的资深工程师及 HR，但对应能力在二者打分当中基本成比例分布，这体现了数据的真实性和可分析性。考虑到工程师往往对自身要求严苛，且打分时可能存在谦虚心理，因此分数在数值大小上的差异也就可以得到解释。

此外，西电校友对自我能力的评估打分相对较低，表明他们普遍认为自身能力还需要提高，这些问题有待于我们未来努力解决和改善。

在能力体系中，存在较大差异的是关于专业基础知识的掌握程度。企业端和研究所端认为西电校友对专业基础知识的掌握程度相当扎实，甚至是其所有能力当中最为突出的；但校友们对自身专业基础知识的评估却很低，他们认为专业基础知识是自身所有能力当中最为薄弱的一环。分析这一现象，我们可以发现，虽然西电培养出的集成电路人才对专业基础知识重要性的认知有所欠缺，但在实际发展过程中，他们并未放松对自身专业基础的精进，甚至在已经达到行业标准之后仍觉得自身能力远远不够。换言之，他们拥有良好的专业知识基础，却并未认识到专业基础对于自身发展和行业发展的重要性，而是在大环境下不自主地提升能力。

由此可见，我校培养的集成电路人才在专业基础知识方面的实际能力得到了认可，但校友自身在认知上存在差异。从长远来看，这种差异可能会导致他们在专业基础能力提升方面出现更大的差距。

2. 在校学生能力自我评估

通过向在校本科生、硕士生和博士生发放学生端问卷，收集他们对能力体系、能力期望与短板、教学课堂和培养方式等方面的评价，我们调查了学生对自身能力和培养模式的认知情况，进一步分析了供给现状。

（1）能力自我评估。借助 SPSS 对问卷所得数据进行分析与可视化处理后，我们得到了西电在校学生对自身能力的评估打分，如图 7 所示。

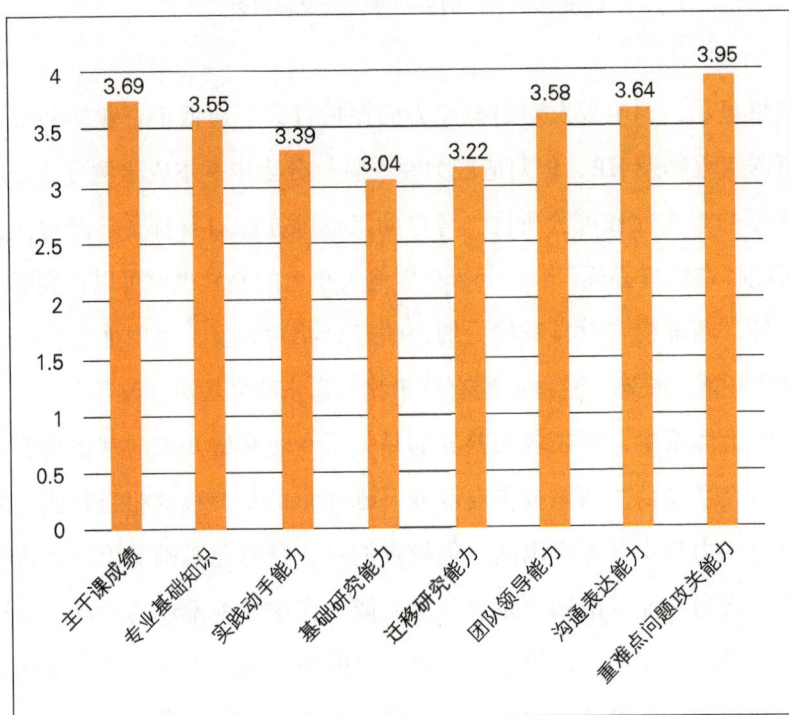

图 7 西电在校学生自我能力评估打分

我们把学生的平均主干课成绩换算为 5 分制，作为衡量学生专业基础知识的客观标准。可以看到，学生对自身专业基础知识的评估略低于他们真实的成绩水平，这表明西电校友在进入企业或研究所参加工作后对自身专业基础的不客观认知在学生时期就已初见端倪。

（2）能力差距自我认知。对于自身存在的不足，选择各项能力的学生占比如图 8 所示。可以看到，学生对于自身能力的满意程度普遍较低，尤其是对发现、分析问题能力的评价。对比市场需求端对我校学生的评价可知，学生对于自身能力短板的认知，也是其主动提升能力的一个重要原因。

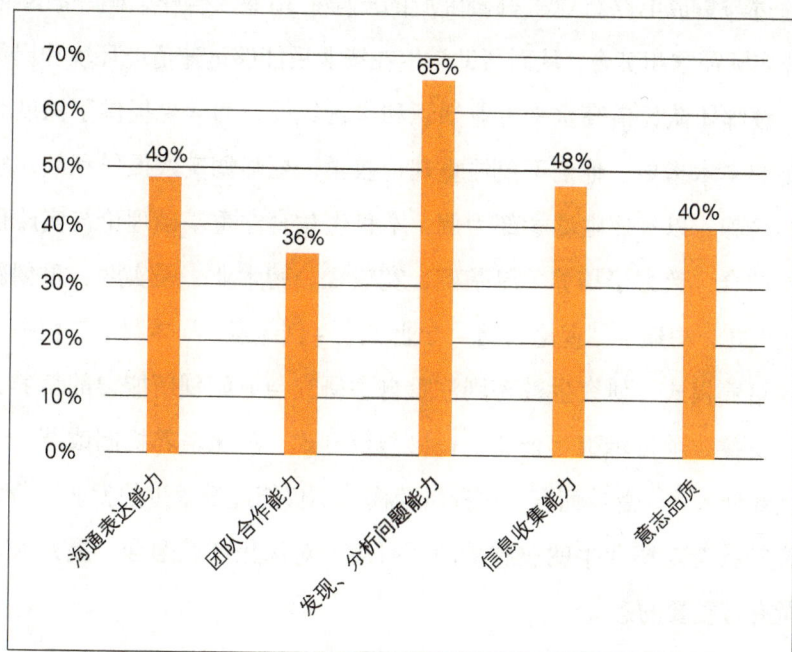

图 8　自我评估各项能力不足学生占比

（三）供需异同分析

经过上述供给端和需求端的能力认知分析、能力评估与自我评估，我们可以得出如下的结论。

1. 供给端人才培养与需求端人才要求基本吻合

根据企业和研究所的资深工程师与 HR 对西电学生上述关键能力的评估打分可知，西电学生在集成电路行业需求端的关键能力评估中表现良好，基本能够满足集成电路企业和研究所的岗位能力需求。从企业和研究所对这些能力的评估打分中可以看出，西电学生在技术专业知识、实际操作能力、问题解决能力等方面取得了良好的成绩。这既反映出西电学生在校学习期间所获得的教育成果，也展示了学生在应对实际工作挑战时的能力和适应性。

这种表现反映了目前西电在集成电路人才培养方面取得的一些成效，学校通过与集成电路行业、科研院所的产学研用深入合作，确保教学内容与行业实际需求相契合，从而帮助学生在毕业后能够迅速适应环境和岗位。此外，教师团队凭借高水平专业知识和丰富经验，为学生提供了深度和广度兼备的学术指导，他们不仅注重理论教学，更强调实践操作和问题解决能力的培养。以集成电路学部为例，本科生教育注重基础理论与实践创新素养的结合，致力于培养"厚基础、宽口径、精术业、强实践、重创新"的行业人才，构建了"理论基础－专业实践－创新素养"本科"三位一体"的人才培养模式；研究生教育则注重自主研究与原始创新能力的培养，通过平台支撑、项目牵引、企业全程参与等方式，深化培养机制改革，着力培养创新型人才。总体而言，这种培养模式不仅能提升学生的就业竞争力，还能提升社会对毕业生就业质量的认可度，对深化产教融合、提升人才培养质量有着重要的意义。

2. 学生对专业基础知识认知存在偏差

通过对比供应端的学生自身能力评估与需求端的能力评分，我们发现西电学生对于自身专业基础知识的认知存在偏差。一方面，学生认为专业基础知识并不关键，而企业和研究所的资深工程师与 HR 则认为专业基础知识至关重要；另一方面，西电学生对自身专业基础知识的掌握程度并不满意，而企业和研究所的资深工程师与 HR 却认为他们的专业基础知识非常扎实。

可以看出，西电学生普遍低估了专业基础知识的重要性，并且对自己的掌握程度不够自信。与此相反，行业专业人士则强调这一基础的关键性，认为它直接影响到工作表现和问题解决能力。

针对这种差异，我们有必要进一步思考。首先，在教育过程中是否充分强调了专业基础知识的重要性？是否缺乏足够的实践性教学和行业导向的课程设计，导致学生未能深入理解这些基础知识在实际工作中的价值和应用？除此之外，是否缺乏有效的评估和反馈机制，以便及时发现和分析学生对自身技能水平的认知状况，帮助学生客观具体地进行自我评价？

3. 实践动手和迁移研究等科研能力培养欠缺

观察企业和研究所等需求端对实践动手能力和迁移研究能力的打分可以发现，这两项能力相较于其他能力得分较低，反映了学生的实践操作和跨学科应用等方面的科研能力存在问题。集成电路人才的培养离不开实践操作，需要引导学生深入地了解集成电路的制造、设计、测试等过程，掌握实际应用的技能和经验。对于这种情况，结合访谈交流结果，我们可以总结为以下几个方面：

（1）偏重知识传授，忽视实践技能培养。许多高校的教学模式侧重于传授理论知识，而忽视了实践操作的培养。课堂教学大部分时间用在理论知识的讲解和学习上，留给学生实际操作训练的时间相对较少。这种教学模式致使学生在面对实际问题时，缺乏足够的实际操作经验和技能。在教师评价层面，虽然强调"破五唯"，但教师的评价机制通常还是侧重论文、项目等，这使工程技术类教师在评价中面临一定的挑战。

（2）实践机会和资源匮乏。部分高校的实验室设施陈旧，设备更新缓慢，无法为学生提供先进的实验设备和技术支持，难以满足学生实际操作和实验需求。学生缺乏在真实或模拟环境中进行实验和工程设计的机会，限制了其实践动手能力的培养。同时，学生在实验室内的操作可能只是简单的复制指定步骤，缺乏应对真实世界挑战所需的创新能力与解决问题的能力。

（3）缺乏跨学科的教学与合作机会。从产业链来看，集成电路产业上游包括 EDA 软件（Electronic Design Automation，电子设计自动化）/半导体 IP（知识产权 Intellectual Property）、半导体设备和材料，中游是芯片设计、制造、封装和测试，下游是各类电子产品。全产业链的专业知识涉及物理、化学、材料、电子、工程等多学科领域。在进入纳米尺度阶段后，芯片的实现需要从系统层次到物理层次之间不断迭代、融合，需要复杂工程系统的体系结构和算法与数学、物理学、材料学等基础学科进行多层次融合。这就要求学生掌握扎实的科学理论基础知识，并在此基础上形成理科思维能力。然而，传统的教学方法往往以"教"为中心，忽视了对学生自主深度学习能力的培养，过于追求单一学科知识的系统性和完备性，忽视了对学生整合不同学科知识能力的培养，导致学生难以在不同学科知识之间建立起关联，主动获取知识、整合知识的"自我拓展"能力不足，无法适应产业技术的快速变革。

（4）教学和实践之间的脱节。教学过程中往往侧重理论知识的传授，对学生面向实际工作场景的准备不足。学生参与的实际项目和科研实践较少，对实际工作中可能遇到的难题缺乏应对准备，缺少在真实环境中提出和讨论问题的经验。此外，教师普遍缺乏工程实践经验，对产业发展、市场需求和真实项目需求的认识不够深入。同时，集成电路专业人才实训平台建设成本高、更新快，高校难以构建满足创新型人才培养所需的实训、实验和实践平台，教学内容滞后于产业前沿发展。

（5）实际工作需求与教育不匹配。教育体系未能与行业需求和科技发展同步，导致毕业生在就业市场上往往面临技能与实际工作需求不匹配的问题。集成电路行业技术更新换代速度加快，部分专业课程未能根据行业的工程化实际需求及时更新，与目前主流技术工艺存在较大差异。例如，在集成电路产业的各种制造流程方面，高校需要加强对产业应用主流光刻、离子注入、氧化扩散等半导体芯片制造工艺的重视。即便一些学生在校期间取得了一定的科研成果，但由于对市场应用和工程实践了解不够，在实际工作中仍然需要经历较长时间来适应和学习。

4. 沟通表达能力培养欠缺

通过观察西电毕业生和在校学生对自身能力的自我评估打分，并将其与企业和研究所的资深工程师及 HR 对他们的能力评分进行对比，我们可以看出，西电学生的沟通表达能力普遍存在不足，这体现在企业、研究所、校友和在校学生都对沟通表达能力给出了较低的评分。结合访谈交流情况，我们发现这种差异可能源于以下几个方面：

（1）教学针对性不强。学校在课程设计和教学方法上过于侧重专业技术知识的传授，忽视了对沟通交流等"软实力"的培养。课程设置对于此类能力培养的针对性不强，在大部分专业课程中，教师很少直接进行此类能力的培养。这使得学生在面对实际工作时，因缺乏有效的沟通和交流技能而影响工作效率和团队协作能力。

（2）主动意识激发不足。很多课程以传统的讲授方式为主，在课堂教学和实践过程中，学生被动接受多于主动展示，缺乏与实际应用相关的互动和实践，缺乏模拟实验、案例分析、团队项目等环节，导致学生学习如何有效地表达和交流想法的机会较少。

（3）评估反馈机制缺失。教学过程中的反馈机制可能不够完善，无法有效帮助学生认识并提升沟通表达能力。在没有足够评价和反馈的情况下，学生难以认识到自身能力的不足，也缺乏个性化的指导和建议，很难实现能力的突破。

第四节　人才培养建议

高校对集成电路产业的人才供给，能够满足目前集成电路市场的大部分人才需求，且能力培养方向也基本正确。然而，我们综合分析，仍能发现人才培养过程中存在一些不足，基于前文对高校人才供给模式的问题探讨，可以对集成电路人才培养作出一些调整。

（一）培养跨学科实践科研能力

1. 跨学科课程的设计与推广

设计并推广跨学科课程，通过课程整合不同学科的知识和技能，使学生在学习过程中能够跨越学科界限。例如，可以设立跨学科的项目课程或专题研讨课程，为学生提供更多基础学科与工程应用相融合的课程，以培养他们的团队合作能力和跨学科研究的综合素养。

2. 跨学科研究中心与实验室的建设

建立跨学科研究中心或者实验室，为不同学科的研究人员及学生提供共同参与研究和创新的平台。吸引不同学科背景的研究人员，促进学科之间的交流与合作，推动学术研究的跨界融合。

3. 跨学科团队的组建与培训

鼓励并支持学生和教师进行跨学科团队合作。例如，在创新创业类项目中设立跨学科团队的培训计划，让来自不同学科背景的学生一起参与创业项目的策划和实施，从而培养他们在实际工作中跨学科协作的能力。

4. 跨学科的评估反馈机制

建立相应的评估和反馈机制，以鼓励在跨学科合作与学习方面表现突出的学生和教师。这包括在学术评价中考量跨学科合作的贡献，或者设立专门的奖学金和荣誉项目，激励学生和教师积极参与跨学科活动。

（二）培养沟通表达能力

1. 开展沟通表达能力专项课程

在工程技术类课程中增设与沟通表达相关的选修课或课程模块，以提升学生的沟通表达能力。具体课程设置如下：

（1）口头表达技巧训练。学生通过模拟演讲、小组讨论等活动，学习如何清晰、自信地表达观点和技术概念。课程涵盖演讲准备、语言表达、身体语言和声音控制等方面的技巧。

（2）科研写作能力培养。引导学生养成阅读英文文章的习惯，锻炼其逻辑思维。此外，良好的文献收集和理解能力对于拓宽研究思路、准确表述研究成果至关重要。

（3）团队协作与沟通实践。强调团队项目的合作与沟通，包括如何有效地与团队成员高效协作、解决冲突及合理分工。设置相关活动，帮助学生理解团队动态，学会有效地传递信息和管理团队成员的期望。

2. 强化实践训练

强化实践训练是提升学生沟通表达能力的关键，将学生放到真正的集成电路产业环境当中，他们才能得到最全面且迅速的发展。学校可通过以下方式开展训练：

（1）模拟工作场景。设计真实的工作场景模拟，例如模拟客户会议、产品演示或技术报告。学生通过参与这些模拟场景，能够在安全环境中练习沟通技巧。此外，与行业紧密结合的实习和合作项目使学生能在实际工作中体验并改进自身的沟通表达能力。

（2）项目汇报与技术讨论。在团队项目中，学生需要完成汇报和讨论的工作，以提升自身在技术领域的表达能力。这类实践不仅能锻炼学生的说服力和信息传递能力，还能增强他们的团队协作和领导能力。

（3）反馈与改进机制。设置反馈机制，通过评估或专业指导的反馈，帮助学生识别并改进自身的沟通弱点，逐步提高沟通表达的效果和影响力。

（4）开展行业导向的实习与合作项目。加强与集成电路行业企业的合作，为学生提供实习和合作机会，鼓励学生参与跨学科团队项目，学习如何在多样化的团队中有效沟通与协作。

（三）培养专业基础知识认知

针对上文提出的专业基础知识重要性认知差异，供给侧高校培养模式应作出如下改进：

1. 强化实际应用与行业联系

高校应该加强与集成电路产业的紧密联系，将专业基础知识与实际应用结合起来，让学生更直观地认识到知识的实际价值和应用场景；应增加设计课程内容和实验项目，直接反映集成电路产业的需求和技术趋势。例如，高校可以引入最新的技术挑战和成功案例，让学生在解决实际问题的过程中，增强对专业知识的理解，提升对其重要性的认知。此外，供给侧高校可以与市场需求端建立直接联系，推行产业导师制度，邀请集成电路行业的专家、工程师或企业家担任兼职导师，参与课程教学和实习指导。他们能够分享实际工作中的经验和见解，帮助学生更好地理解专业知识与实际应用之间的联系。

2. 强化跨学科和实践教育

除了专业基础知识教学，高校还应注重培养学生的跨学科思维和实践能力，帮助他们更全面地理解专业知识的重要性。为此，高校应增强跨学科课程的融合，引入与计算机科学、电子工程、物理学等相关学科的交叉课程，帮助学生在更广泛的背景下理解和应用集成电路技术。同时，高校还应推行项目驱动的学习模式，设计跨学科团队项目，让学生在实际问题中应用所学知识，培养解决问题的能力，加深对专业知识的理解。

结　语

本报告在问卷调研、实践访谈、统计分析的过程中，得到了国内集成电路重点企业、研究所、校友及在校师生的帮助与支持。在此，我们衷心感谢参与调研的所有同仁。西安电子科技大学集成电路学部也将持续关注行业前沿动态、聚焦行业发展趋势，为我国集成电路产业的繁荣发展贡献力量。

02

行业分析

绘能力图谱，创未来之"芯"

导　言

集成电路作为信息技术产业的核心，是支撑国家经济社会发展、保障国家安全的战略性、基础性和先导性产业。习近平总书记指出，科技是第一生产力、人才是第一资源、创新是第一动力。集成电路是多学科高度交叉融合的科学技术，集成电路产业不仅要重视核心技术创新，更要关注集成电路人才体系的供给。当前，我国集成电路产业面临着人才培养基数不足、人才结构性失衡、培养模式产教脱节等突出问题。

西安电子科技大学集成电路学部作为国家首批示范性微电子学院建设单位和首批集成电路人才培养基地，始终以产业发展需求为导向开展学科专业建设，坚持培养符合当前集成电路产业和技术发展需求的高层次人才。为更精准地以人才培养支撑国家集成电路产业高质量发展，学部近年来依托"集成电路强国行"主题实践活动，走访了北京华大九天科技股份有限公司、紫光展锐（上海）科技有限公司、西安微电子技术研究所、杭州加速科技有限公司、苏州国芯科技股份有限公司、华天科技（西安）投资控股有限公司、华润微电子有限公司、杭州士兰微电子股份有限公司、长鑫存储技术有限公司等行业头部企业。在走访的过程中，学部通过问卷与访谈相结合的方式，面向企业 HR 和全产业链不同岗位的资深工程师开展了调研。结合工业和信息化部人才交流中心发布的《集成电路产业人才岗位能力要求》，学部围绕集成电路设计、制造、封装、测试等 4 个方向，梳理出 31 个具体岗位的能力要求，绘制了岗位能力图谱，以直观的方式向学生展现各岗位的能力要求，引导学生有针对性地学习专业知识，提升技术技能、工程实践能力和综合能力，为投身中国集成电路事业打下坚实基础。

第一节　设计方向岗位

（一）EDA 软件研发工程师

负责 EDA 工具软件平台的开发工作。

专业知识

1. 具备电子信息、微电子技术、集成电路、软件开发、数学等领域的专业基础知识；
2. 熟悉数据结构与常见的算法，熟悉并行计算机体系结构与资源优化知识；
3. 熟悉数值计算理论、计算几何学理论、布尔代数理论及有限元算法理论；
4. 熟悉 Linux 工作环境和脚本语言；
5. 了解芯片设计和制造的基本流程；

技术技能

1. 能够根据系统架构和算法流程图的要求，使用编程语言进行多元微分方程组和中大规模矩阵的求解计算；
2. 能够根据系统架构和算法流程图的要求，使用编程语言实现基于平面几何图形的分析和运算、平面多层网格的离散化与有限元计算；
3. 能够根据系统架构和算法流程图的要求，使用编程语言进行大规模硬件描述语言的并行仿真算法的开发；
4. 能够根据系统架构和算法流程图的要求，使用编程语言实现复杂大规模平面几何图形的自动优化，如布局布线、时序 ECO 等；
5. 能够根据系统架构和算法流程图的要求，使用编程语言进行布尔可满足性问题的分析和验证。

工程实践

1. 具备一定的 EDA 软件系统联合编译和打包的实践经验；
2. 具备分析和解决客户现场问题的经验及能力；
3. 熟悉物理验证的过程，具备 DRC / LVS 工具的使用和开发经验；
4. 具备模拟电路、数字电路或 Memory 电路设计的项目经验。

综合能力

1. 了解 EDA 行业发展历史、行业现状及技术趋势；
2. 具备良好的创新意识、学习能力、实践能力以及分析解决问题的能力；
3. 具备较强的团队意识、沟通能力、适应能力以及自我管理能力（进取、负责、严谨、务实）。

（二）数字设计工程师

负责芯片顶层架构设计及数字模块逻辑功能的实现等工作。

专业知识

1. 具备电子信息、微电子技术、集成电路、软件开发等领域的专业基础知识；
2. 熟悉 Verilog HDL 硬件描述语言的基本语法和基本编程；
3. 了解芯片设计和制造的基本流程；
4. 了解各类数字接口、总线设计、逻辑综合工具、形式验证工具的原理和流程；
5. 了解 SoC 架构或各种处理器基本结构。

技术技能

1. 能够根据设计需求进行芯片架构 spec 定义、建模、性能评估和子系统微架构确定；
2. 能够根据应用需求与电路整体架构，确定复杂数字电路功能模块架构、可测性方案及实施方案；
3. 能够根据复杂数字电路模块的设计方案，提取验证功能点，撰写数字模块验证方案，开发接口和应用场景的测试用例；
4. 能够根据复杂数字电路功能模块的指标要求，完成相应数字芯片的 RTL 设计与实现、验证、性能优化；
5. 能够根据 DFT、ATPG 等可测性方案流程，进行复杂数字电路的调试，定位跟踪问题，并对问题的解决方案提出建议。

工程实践

1. 具备 SoC 芯片或处理器芯片 spec 定义、建模、RTL coding、UVM 验证等方面的实践经验；
2. 具备与数字后端设计工程师进行配合，定位并修复 RTL 代码、验证方案、可测性方案等方面的实践经验；
3. 具备根据芯片测试结果或客户使用反馈结果，定位并修复 RTL 代码、验证方案与可测性方案等方面的实践经验。

综合能力

1. 了解熟悉芯片设计行业的发展历史、行业现状及技术趋势；
2. 具备良好的创新意识、学习能力、实践能力以及分析解决问题的能力；
3. 具备较强的团队意识、沟通能力、适应能力以及自我管理能力（进取、负责、严谨、务实）。

（三）数字后端工程师

负责数字芯片的逻辑综合、布局布线、物理验证等设计工作。

专业知识

1. 具备电子信息、微电子技术、集成电路、软件开发等领域的专业基础知识；
2. 熟悉物理验证 DRC、LVS、ERC 相关知识；
3. 熟悉 Verilog 硬件描述语言的基本语法和基本编程；
4. 熟悉数字芯片设计的全流程；
5. 了解半导体工艺器件基础知识。

技术技能

1. 具备使用业界主流 EDA 工具的能力，能够根据项目的逻辑综合面积、时钟方案、IP 集成要求，确定芯片的 floorplan 方案、时钟树实现方案、电源网络方案等；
2. 能够完成 SDC 时序约束，UPF、CPF 低功率设计的编写；
3. 能够根据项目或工艺的具体要求，灵活应用脚本语言编写自动化实现流程；
4. 能够完成芯片从网表 netlist 到版图 GDS 的所有工作；
5. 能够设计可物理实现的低功耗方案，并且通过 CLP 检查、电源完整性相关检查；
6. 能够根据项目需求做相应电路时序优化。

工程实践

能够与相关岗位工程师相互配合，定位并优化 RTL 代码、时钟方案、低功耗方案、DFT 方案，进而得到可物理实现的芯片方案。

综合能力

1. 了解芯片设计行业的发展历史、行业现状及技术趋势；
2. 具备良好的创新意识、学习能力、实践能力以及分析解决问题的能力；
3. 具备较强的团队意识、沟通能力、适应能力以及自我管理能力（进取、负责、严谨、务实）。

（四）模拟设计工程师

负责模拟电路、数模混合电路等的架构设计、仿真验证等工作。

专业知识

1. 具备电子信息、微电子技术、集成电路、软件开发等领域的专业基础知识；
2. 熟悉工艺设计库（PDK）的基本知识；
3. 熟悉主要类别模拟模块的基本设计原理和方法论；
4. 熟悉模拟与混合信号芯片设计、版图设计与优化知识；
5. 熟悉芯片设计的基本流程；
6. 了解 Verilog-A 等模拟电路硬件行为描述语言的基本语法和基本编程。

技术技能

1. 具备使用业界主流 EDA 工具的能力，包括 Matlab 建模、原理图设计、电路 SPICE 仿真器、异构电路 SPICE 仿真器及模拟版图设计等；
2. 能够根据应用需求，确定设计指标，完成电路模块的架构设计；
3. 能够对各电路模块进行各项性能参数的仿真验证，并根据仿真结果进行电路优化；
4. 能够完成电路版图设计规划，制订各电路模块的测试与验证方案；
5. 能够完成模拟电路相关的数模接口设计，以及 ESD、EMI、EMC 设计；
6. 了解数模混合验证流程及方法。

工程实践

1. 具备与相关岗位工程师进行配合，定位并优化电路原理图设计、仿真验证等方面的实践经验；
2. 具备根据芯片测试结果或客户使用反馈结果，修改电路原理图设计和仿真验证方案等方面的实践经验。

综合能力

1. 了解模拟和数模混合芯片行业的发展历史、行业现状及技术趋势；
2. 具备良好的创新意识、学习能力、实践能力以及分析解决问题的能力；
3. 具备较强的团队意识、沟通能力、适应能力以及自我管理能力（进取、负责、严谨、务实）。

（五）版图设计工程师

负责模拟模块版图设计、布局规划等工作。

专业知识

1. 具备电子信息、微电子技术、集成电路、半导体器件、软件开发等领域的专业基础知识；
2. 熟悉工艺设计库（PDK）的基本知识；
3. 熟悉模拟与混合信号电路的版图设计与优化知识；
4. 熟悉 CMOS 和 BCD 工艺流程，熟悉器件和信号匹配的知识，了解 ESD、latch-up 的基本原理；
5. 了解半导体失效机制与模拟可靠性分析流程；
6. 了解芯片设计和制造的基本流程。

技术技能

1. 能够根据电路原理图，完成对复杂电路模块版图及其接口的布局和规划；
2. 能够根据电路原理图及 PDK 工艺设计规则，完成版图的绘制，进行物理验证、寄生参数提取，并协助设计工程师完成电路后仿真；
3. 能够结合版图设计，进行失效分析。

工程实践

1. 具备定位并修复电路版图设计，进行物理验证、寄生参数提取等方面的实践经验；
2. 具备根据芯片测试结果或客户使用反馈结果修改电路版图设计，进行物理验证、寄生参数提取等流程的实践经验；
3. 具备配合数字后端设计工程师，完成大规模 SoC 版图的拼接等终处理的实践经验。

综合能力

1. 了解版图设计行业的发展历史、行业现状及技术趋势；
2. 具备良好的创新意识、学习能力、实践能力以及分析解决问题的能力；
3. 具备较强的团队意识、沟通能力、适应能力以及自我管理能力（进取、负责、严谨、务实）。

（六）射频电路设计工程师

负责射频电路架构和电路模块等方面的设计工作。

专业知识

1. 具备电子信息、微电子技术、集成电路、微波射频、软件开发等领域的专业基础知识；
2. 熟悉射频电路知识、射频基本理念、射频芯片工艺及结构基础知识；
3. 熟悉射频系统知识、射频测试系统知识并能够运用；
4. 熟悉常用的通信协议；
5. 熟悉芯片设计和制造的基本流程；
6. 了解射频产品的调试和测试过程。

技术技能

1. 能够根据应用需求，确定系统设计指标，完成电路模块的架构设计；
2. 能够使用射频专用 EDA 工具，完成电路设计、系统建模及仿真、电磁场建模及仿真并指导后端完成射频版图设计等；
3. 能够完成射频电路版图设计规划，制订各电路模块的测试与验证方案；
4. 能够对各电路模块进行各项性能参数的仿真设计，并根据仿真结果进行电路调试及优化；
5. 能够完成射频电路的调试和测试，进行射频产品实现。

工程实践

1. 具备电路设计、版图设计、仿真验证方案等流程的实践经验；
2. 具备根据芯片和电路测试结果或客户系统端反馈结果，分析电路原理设计、仿真验证方案等流程的实践经验；
3. 具备制订相关可靠性验证方案及指标的实践经验；
4. 具备射频电路的调试和测试实践经验。

综合能力

1. 了解射频芯片行业的发展历史、行业现状及技术趋势；
2. 具备良好的创新意识、学习能力、实践能力以及分析解决问题的能力；
3. 具备较强的团队意识、沟通能力、适应能力以及自我管理能力（进取、负责、严谨、务实）。

（七）验证工程师

负责芯片系统及模块的验证工作。

专业知识

1. 具备电子信息、微电子技术、集成电路、半导体器件、软件开发等领域的专业基础知识；
2. 熟悉 Verilog HDL 硬件描述语言的基本语法和基本编程；
3. 熟悉以 UVM 验证为代表的验证方法学；
4. 熟悉覆盖率分析、形式验证的原理和流程；
5. 了解中大规模数字集成电路验证流程知识。

技术技能

1. 能够根据应用需求与电路整体架构，确定复杂数字电路功能模块特性及验证策略；
2. 能够使用 FPGA 原型验证和 Emulator 硬件加速器等主流验证系统；
3. 能够熟练使用主流版本的管理工具，如 Git、SVN 等；
4. 能够根据复杂数字电路模块的设计方案，提取验证功能点，撰写数字模块验证方案，开发测试平台及功能、性能、应用场景等的用例，达成验证完备性目标；
5. 能够根据复杂数字电路功能模块的指标要求，完成相应数字芯片的验证方案、验证计划等流程；
6. 能够进行复杂数字电路的验证，定位跟踪问题，并对问题的解决方案提出建议。

工程实践

1. 具备与数字前端设计工程师紧密配合，达成验证完备性的实践经验；
2. 具备逻辑仿真、FPGA 原型验证和 Emulator 硬件加速器应用的实践经验。

综合能力

1. 了解芯片验证行业的发展历史、行业现状及技术趋势；
2. 具备良好的创新意识、学习能力、实践能力以及分析解决问题的能力；
3. 具备较强的团队意识、沟通能力、适应能力以及自我管理能力（进取、负责、严谨、务实）。

（八）产品工程师

负责产品应用设计、应用工艺优化验证等工作。

专业知识

1. 具备电子信息、微电子技术、集成电路、半导体器件、软件开发等领域的专业基础知识；
2. 熟悉集成电路产品鉴定和可靠性评估作业的要求及规范；
3. 了解集成电路设计、制造、测试和失效分析等知识；
4. 了解工艺设计库（PDK）的构建和维护知识。

技术技能

1. 能够导入新产品，从用户意向开始，逐步分解、分析，直到形成具体技术方案和设计规则，对产品报价提供技术支持；
2. 能够与 FAB 和 OSAT 厂商进行有效的业务沟通，形成成品率管控以及技术难题的解决方案，协助市场和质量部门分析讨论客户投诉、寻找问题根源和执行改善措施；
3. 能够熟练运用六西格玛统计过程控制（SPC）方法和质量体系，监测过程和生产数据，预防缺陷的发生，更经济地提供符合客户要求的产品；
4. 能够制订、完善产品手册和技术标准。

工程实践

1. 具备产品需求收集、技术调研、可行性分析、产品及过程定义等新产品导入的实践经验；
2. 具备面向产品完整流程，包括立项、设计、制造、测试、应用验证、转批产和技术推广的项目管理实践经验；
3. 具备从产品设计、工艺、材料、流程等方面进行优化，以降低成本的实践经验。

综合能力

1. 了解芯片行业的发展历史、行业现状及技术趋势；
2. 具备良好的创新意识、学习能力、实践能力以及分析解决问题的能力；
3. 具备较强的团队意识、沟通能力、适应能力以及自我管理能力（进取、负责、严谨、务实）。

（九）嵌入式软件工程师

负责芯片运行嵌入式操作系统、外围硬件设备等的开发工作。

专业知识

1. 具备软件开发、电子信息、嵌入式系统等领域的专业基础知识；
2. 熟悉 Verilog HDL 硬件描述语言的基本语法和基本编程；
3. 熟悉常用的驱动开发和接口设计；
4. 了解至少一种 CPU 体系结构和编程模型。

技术技能

1. 具备操作 Linux、RTOS 等嵌入式操作系统的能力，对内核子模块（如内存管理、进程调度、文件系统等）有一定理解，具备系统综合分析能力；
2. 能够使用 gcc、cmake 等常用编译开发工具及 gdb、trace 等调试工具；
3. 能够熟练查看原理图并使用各种仪器，如示波器、逻辑分析仪等；
4. 能够根据各个模块的 spec 和编程手册，理解模块的性能参数，根据模块的工作模式抽象软件功能实现；
5. 能够根据产品设计方案和开发计划，实现软件的设计和开发工作，包括文档制订、程序源码开发、软件测试和用户操作手册编制。

工程实践

1. 具备与相关岗位工程师进行合作，制订、完善模块验证方案，及时发现、处理验证阶段出现的问题，并提供解决方案的实践经验；
2. 具备根据不同阶段内部及客户验证使用问题反馈，分析定位并解决问题，提供合理解决方案并优化软件流程的实践经验。

综合能力

1. 了解嵌入式软件的发展历史、行业现状及技术趋势；
2. 具备良好的创新意识、学习能力、实践能力以及分析解决问题的能力；
3. 具备较强的团队意识、沟通能力、适应能力以及自我管理能力（进取、负责、严谨、务实）。

第二节　制造方向岗位

（一）工艺研发工程师

负责芯片制造工艺研发与工艺平台搭建工作。

专业知识

1. 具备微电子技术、材料、电子信息、光学、化学、物理等领域的专业基础知识；
2. 熟悉晶圆制造工艺原理、设备控制原理知识；
3. 了解晶圆生产过程中的主要工艺流程。

技术技能

1. 能够根据晶圆制造的基本原理及操作规范，进行工艺研发与工艺平台搭建；
2. 能够进行新项目、新器件及工艺技术的开发，进行前沿技术先期探索与研发；
3. 能够对现有工艺技术进行开发和优化；
4. 能够组织实施先进工艺、机台、材料等的评估工作，解决工艺研发问题，达到生产目标与质量的平衡。

工程实践

1. 具备解决生产过程中工艺问题的实践经验；
2. 具备能根据产品工艺的需求设计工艺实验的实践经验。

综合能力

1. 了解晶圆制造行业的发展历史、行业现状及技术趋势；
2. 具备良好的创新意识、学习能力、实践能力以及分析解决问题的能力，能在工作中合理、有效使用新设备、新技术、新材料；
3. 具备较强的团队意识、沟通能力、适应能力以及自我管理能力（进取、负责、严谨、务实）。

（二）可靠性工程师

负责产品量产或者客户相关项目的可靠性分析验证等工作。

专业知识

1. 具备微电子技术、集成电路、机械、电气自动化等领域的专业基础知识；
2. 熟悉可靠性相关的国际标准和要求；
3. 了解晶圆制造工艺的基本流程。

技术技能

1. 能够管理和维护可靠性实验室设备的日常运营，满足公司内部及客户的相关需求；
2. 能够负责功能安全相关的各项工作，包括需求分析、影响与危害分析、有关软硬件开发与实现等；
3. 具备建立健全产品量产所需可靠性测试分析的能力，能够负责产品量产或者客户相关项目的可靠性分析验证，分析失效或问题的根源，提供改进的参考意见；
4. 能够进行公司内外可靠性相关的技术咨询。

工程实践

1. 具备产品量产或者客户相关项目的可靠性分析验证，分析失效或问题的实践经验；
2. 具备管理和维护可靠性实验室设备日常运营的实践经验。

综合能力

1. 了解晶圆制造行业的发展历史、行业现状及技术趋势；
2. 具备良好的创新意识、学习能力、实践能力以及分析解决问题的能力；
3. 具备较强的团队意识、沟通能力、适应能力以及自我管理能力（进取、负责、严谨、务实）。

（三）器件研发工程师

负责器件及模型设计、提交工艺控制计划等工作。

专业知识

1. 具备微电子技术、半导体器件、软件开发、电子信息等领域的专业基础知识；
2. 熟悉器件工艺、器件仿真、版图设计的基本原理；
3. 了解半导体器件制造工艺的基本流程。

技术技能

1. 能够负责器件及模型设计，包括特性评估、版图设计、实验设计、DC/AC 电学测试分析及可靠性评估；
2. 能够负责器件技术与工艺的设计与优化，负责客户产品导入，处理线上产品异常并及时处置。

工程实践

1. 具备建立器件或模型生产流程，提交工艺控制计划的实践经验；
2. 具备产品导入、线上产品异常处理并及时处置的实践经验；
3. 具备高压 IGBT、BCD、MCU 等功率器件项目产品设计、试产的实践经验。

综合能力

1. 了解半导体器件行业的发展历史、行业现状及技术趋势；
2. 具备良好的创新意识、学习能力、实践能力以及分析解决问题的能力；
3. 具备较强的团队意识、沟通能力、适应能力以及自我管理能力（进取、负责、严谨、务实）。

（四）工艺器件设计服务工程师

负责器件问题仿真实验、提出有效的改进方向和实验条件等工作。

专业知识

1. 具备微电子技术、材料、软件开发、电子信息、半导体器件等领域的专业基础知识；
2. 熟悉器件模型理论和半导体器件物理、集成电路工艺理论知识；
3. 了解器件设计、生产流程，如功率器件以及逻辑器件工艺流程。

技术技能

1. 能够理解各种半导体器件的运作方式和相应器件物理，针对各种工艺或设计导致的器件问题进行分析；
2. 能够为待开发中的工艺器件或在成熟技术中新的器件架构提供基本工艺框架方向和优化条件；
3. 能够建立工艺和器件 TCAD 模型，并且基于测量数据对模型及参数进行校准；
4. 能够基于校准过或可靠的模型及仿真平台，针对不同工艺平台存在的器件问题进行仿真实验，提出有效的改进方向和实验条件。

工程实践

1. 具备 TCAD 器件设计与工艺仿真的实践经验；
2. 具备半导体工艺和器件 TCAD 模型优化的实践经验。

综合能力

1. 了解半导体器件的发展历史、行业现状及技术趋势；
2. 具备良好的创新意识、学习能力、实践能力以及分析解决问题的能力；
3. 具备较强的团队意识、沟通能力、适应能力以及自我管理能力（进取、负责、严谨、务实）。

（五）工艺集成工程师

负责协调各部门改进和优化工艺等工作。

专业知识
1. 具备微电子技术、材料、化学、物理等领域的专业基础知识；
2. 熟悉晶圆制造的工艺原理、参数设置、生产所需环境条件及操作规范；
3. 了解晶圆制造工艺的基本流程。

技术技能
1. 能够根据任务需求，制订工作计划并指导工程人员执行；
2. 能够协调各部门查找造成产品低良品率的原因，研发并优化新工艺，以提升工艺能力和良品率；
3. 能够配合可靠性部门在系统操作及维护方面为客户提供指导，并进行量产产品的可靠性监控及数据分析，以实现目标达成率；
4. 能够对客户使用过程中遇到的设备问题进行分析，完成故障维修技术分析报告，提出准确的改善建议。

工程实践
1. 具备和客户沟通并提供技术支持的实践经验；
2. 具备改进和优化工艺、提升工艺能力的实践经验。

综合能力
1. 了解晶圆行业的发展历史、行业现状及技术趋势；
2. 具备良好的创新意识、学习能力、实践能力以及分析解决问题的能力；
3. 具备较强的团队意识、沟通能力、适应能力以及自我管理能力（进取、负责、严谨、务实）。

（六）制造设备工程师

负责制造设备的安装调试、日常运维等工作。

专业知识

1. 具备微电子技术、机械制造自动化、机电一体化、自动化等领域的专业基础知识；
2. 熟悉晶圆制造的安全生产及生产条件要求等知识；
3. 了解晶圆制造设备的基本原理、规范操作、参数设置及常见故障处理方法等知识；
4. 了解芯片制造工艺的基本流程和生产设备基本配置及操作规范。

技术技能

1. 能够提升设备的运行效能与稳定性，进行日常排查与技术改进，确保设备高效运转；
2. 能够实施生产设备安装调试与预防保养，保证所属设备的正常运转；
3. 能够正确判断生产设备的关键故障，并给出常见故障处理方法。

工程实践

1. 具备实施设备转产、安装调试及关键参数设置的实践经验；
2. 具备根据生产需求和设备特点，制订最优产能和设备日常运维应用解决方案的实践经验。

综合能力

1. 了解晶圆设备行业的发展历史、行业现状及技术趋势；
2. 具备良好的创新意识、学习能力、实践能力以及分析解决问题的能力；
3. 具备较强的团队意识、沟通能力、适应能力以及自我管理能力（进取、负责、严谨、务实）。

（七）光刻工艺工程师

负责光刻工艺的开发和优化等工作。

专业知识

1. 具备微电子技术、材料、自动化、光学、机械、电气等领域的专业基础知识；
2. 熟悉光刻相关工艺及设备的基本原理；
3. 熟悉光刻相关工艺的技术和材料；
4. 了解晶圆光刻工艺流程及相关工序流程。

技术技能

1. 能够使用曝光工艺、涂布显影工艺、光学检测等技术设备，确保晶圆光刻设备及辅助设备的正常运行及维护；
2. 能够对光刻工艺稳定性提升、产品特性进行监控，优化产品的良率成本及生产时效；
3. 能够进行光刻工艺管理，对一线工艺技术人员及生产作业人员进行工艺相关应用指导和培训。

工程实践

1. 具备实施光刻设备转产、安装调试及关键参数设置的实践经验；
2. 具备丰富的光刻设备工艺测试和优化产能的实践经验。

综合能力

1. 了解光刻工艺行业的发展历史、行业现状及技术趋势；
2. 具备良好的创新意识、学习能力、实践能力以及分析解决问题的能力；
3. 具备较强的团队意识、沟通能力、适应能力以及自我管理能力（进取、负责、严谨、务实）。

（八）薄膜工艺工程师

负责薄膜工艺的开发和优化等工作。

专业知识

1. 具备微电子技术、材料、自动化、光学等领域的专业基础知识；
2. 熟悉薄膜相关工艺及设备的基本原理；
3. 了解晶圆薄膜工艺流程及相关工序流程。

技术技能

1. 能够操作机台，保证薄膜设备及辅助设备的正常运行及维护；
2. 能够对薄膜工艺进行开发和优化，通过与供应商紧密合作降低成本；
3. 能够通过调查工艺异常找出根本原因来降低不良品率，从而提高产能和良品率；
4. 能够正确判断薄膜设备故障，及时解决已经或可能出现的问题，处理设备和产品的异常状况；
5. 能够进行薄膜工艺管理，对一线工艺技术人员及生产作业人员进行工艺相关应用指导和培训。

工程实践

1. 具备实施薄膜设备转产、安装调试及关键参数设置的实践经验；
2. 具备丰富的薄膜工艺测试和优化产能的实践经验。

综合能力

1. 了解薄膜工艺行业的发展历史、行业现状及技术趋势；
2. 具备良好的创新意识、学习能力、实践能力以及分析解决问题的能力；
3. 具备较强的团队意识、沟通能力、适应能力以及自我管理能力（进取、负责、严谨、务实）。

（九）刻蚀工艺工程师

负责刻蚀工艺的开发和优化等工作。

专业知识

1. 具备微电子技术、材料、自动化、光学等领域的专业基础知识；
2. 熟悉刻蚀相关工艺及设备的基本原理；
3. 了解晶圆刻蚀工艺流程及相关工序流程。

技术技能

1. 能够进行干法（或湿法）刻蚀站位新产品、新工艺的开发及产品的生产操作；
2. 能够对干法（或湿法）刻蚀站位的新材料和新设备进行评估与验收；
3. 掌握干法（或湿法）刻蚀工艺的关键控制点，进行工艺异常分析及处理、工艺制程的开发和改善，解决线下线上异常问题；
4. 能够节约干法（或湿法）刻蚀站位的成本并提升效能；
5. 能够进行刻蚀工艺管理，对一线工艺技术人员及生产作业人员进行工艺相关应用指导和培训。

工程实践

1. 具备实施刻蚀工艺开发、执行和推进的实践经验；
2. 具备使刻蚀工艺设备正常运行，解决线下、线上异常问题的实践经验。

综合能力

1. 了解刻蚀工艺行业的发展历史、行业现状及技术趋势；
2. 具备良好的创新意识、学习能力、实践能力以及分析解决问题的能力；
3. 具备较强的团队意识、沟通能力、适应能力以及自我管理能力（进取、负责、严谨、务实）。

（十）扩散工艺工程师

负责扩散工艺的开发和优化等工作。

专业知识

1. 具备微电子技术、材料、自动化、光学等领域的专业基础知识；
2. 熟悉扩散相关工艺及设备的基本原理；
3. 了解晶圆制造扩散工艺流程、离子注入机及快速退火工艺流程。

技术技能

1. 能够对日常扩散工艺进行维护，做到 SOP/OI 改进、SPC 维护及改进；
2. 能够对日常扩散工艺参数进行监控，建立及维护日常 RECIPE；
3. 掌握减少扩散工艺缺陷、改进工艺条件、提升良品率的方法；
4. 能够引进新工艺、新材料，提高工艺水平，进行新设备选型的工艺性能评估及调试；
5. 能够进行扩散工艺管理，对一线工艺技术人员及生产作业人员进行工艺相关应用指导和培训。

工程实践

1. 具备离子注入机及快速退火工艺的实践经验；
2. 具备半导体扩散（炉管、IMP、RTP）制程的实践经验；
3. 具备确保扩散设备工艺正常运行，并解决线下、线上异常问题的实践经验。

综合能力

1. 了解扩散工艺行业的发展历史、行业现状及技术趋势；
2. 具备良好的创新意识、学习能力、实践能力以及分析解决问题的能力；
3. 具备较强的团队意识、沟通能力、适应能力以及自我管理能力（进取、负责、严谨、务实）。

（十一）厂务工程师

负责电气、水系统及监测仪器正常运转等工作。

专业知识
1. 具备电气、自动化、机电工程等领域的专业基础知识；
2. 熟悉半导体制造等集成电路行业的管理原理；
3. 了解晶圆制造流程，以及厂房日常管理运作模式和流程。

技术技能
1. 能够对电气、水系统及监测仪器进行节能节电减废，有效降低成本；
2. 能够根据工作计划，操作及维护电气、水系统及监测仪器，确保日常的维护和巡检工作，确保电气水系统7×24小时正常运转；
3. 能够进行厂房空间套图与设计优化，拟订电气、水系统现场施工计划及更新填写日报表；
4. 能够根据设备机台扩充需求，编制预算、兴建发包，进行电气系统厂商施工现场安全及质量管理；配合电气水各系统施工监工、规划跟进、施工质量监督等工作，并参与相关设备调试、审核及验收等。

工程实践
1. 具备对气化系统及监测仪器进行节能节电减废、降低成本的实践经验；
2. 具备化学或控制等相关领域工程项目管理的实践经验。

综合能力
1. 了解晶圆行业的发展历史、行业现状及技术趋势；
2. 具备良好的创新意识、学习能力、实践能力以及分析解决问题的能力；
3. 具备较强的团队意识、沟通能力、适应能力以及自我管理能力（进取、负责、严谨、务实）。

（十二）供应链管理师

负责芯片制造过程中设备物料及成品供应链管理等工作。

专业知识

1. 具备国际贸易、采购、仓储、物流、绩效，以及风险管理、数字化供应链管理等领域的专业基础知识；
2. 熟悉集成电路供应链专业术语、供应链管理知识和行业知识分析手段；
3. 了解国家集成电路产业战略、建设规划及区域分布，能结合供应链的应用场景形成明确的供应链管理规划思路。

技术技能

1. 掌握数据整理、可视化分析、运输与配送作业流程优化报告编制的工具及方法；
2. 能够处理并跟踪客户订单，审核客户订单有效性，提供仓储物流、金融、贸易、报关咨询和服务；
3. 能够实施销售和运作计划，进行库存管理，协调供给与需求关系，制订采购策略；
4. 能够建立供应商管理数据库，通过采购数据分析发现管理问题并提出解决方案；
5. 能够设计集成电路产品与物料装备的包装、运输、仓储等专业运营方案。

工程实践

1. 具备制订设计仓储、运输与配送、物料控制模式、供应链金融、供应链数字化等运营方案的实践经验；
2. 具备制订供应链协同战略及产供销协同方案的实践经验；
3. 具备制订供应链战略库存策略及实施方案的实践经验。

综合能力

1. 了解集成电路供应链的发展历史、行业现状及发展趋势；
2. 具备良好的学习能力，并能在工作中合理有效使用新技术、新系统；
3. 具备较强的团队意识、沟通能力、适应能力以及自我管理能力（进取、负责、严谨、务实）。

第三节　封装方向岗位

（一）先进封装制程工艺工程师

负责执行先进封装工艺制程的维护与管理的各项工作。

专业知识
1. 具备微电子技术、半导体物理、材料、自动化、电气、电子科学等领域的专业基础知识；
2. 熟悉先进封装技术作业要求及规范；
3. 了解先进封装材料使用、产品检验规范、异常分析及异常处理方法；
4. 了解先进封装设备的原理、参数设置、生产所需环境条件及操作规范。

技术技能
1. 能够根据机台程式的设置要求及参数设置，利用先进封装工艺技术完成封装过程；
2. 能够正确判断先进封装及辅助设备的小故障，调整优化设备的基本参数；
3. 能够进行数据统计与分析，对复杂异常问题进行调查并编制处理报告，完成对工艺制程文件的新建和修订。

工程实践
1. 具备机台程式设置及程序参数管控的实践经验，能及时发现并解决先进封装过程中产生的问题；
2. 具备丰富的先进封装生产管理经验，了解产品验收流程，能够根据生产需求和设备特点，制订最优产能和日常运维应用解决方案。

综合能力
1. 了解先进封装行业的发展历史、行业现状及技术趋势；
2. 具备良好的封装技术创新意识、学习能力、实践能力以及分析解决问题的能力；
3. 具备较强的团队意识、沟通能力、适应能力以及自我管理能力（进取、负责、严谨、务实）。

（二）先进封装设备工程师

负责执行先进封装设备的维护、机台操作及故障处理等工作。

专业知识

1. 具备机械制造自动化、机电一体化、电子技术、电力系统运行原理等领域的专业基础知识；
2. 熟悉先进封装设备的基本结构原理与规范操作等知识；
3. 了解先进封装设备的基本配置及相关品牌设备的性能、参数及优缺点。

技术技能

1. 能够正确判断晶圆制造设备的关键故障，并给出常见故障处理方法；
2. 能够依据相关维护文件及异常处理流程，及时处理异常，提炼出改善需求及可行性方案，并对逆行设备数据进行收集及分析，撰写设备维护文件。

工程实践

1. 具备实施集成电路先进封装设备制程识别、转产、安装调试及关键参数设置的实践经验；
2. 具备集成电路先进封装设备常见异常处理经验，能对常规故障进行定位、分析和解决；
3. 具备维护所属设备稳定性、减少工艺缺陷、确保设备高效运转、提高成品率、进行成本控制的实践经验。

综合能力

1. 了解先进封装行业的发展历史、行业现状以及技术趋势；
2. 具备良好的创新思维、学习能力，能开展先进封装设备的开发和维护工作；
3. 具备较强的团队意识、沟通能力、适应能力以及自我管理能力（进取、负责、严谨、务实）。

(三)先进封装研发工程师

负责包括晶圆级封装等先进封装新产品技术开发的各项工作。

专业知识

1. 具备材料、物理、化学、机械、微电子等领域的专业基础知识;
2. 熟悉先进封装的前、后道工序及材料的工艺原理和基本特性;
3. 熟悉先进封装机台的基本硬件结构、操作要求和工作原理;
4. 熟悉 SPC 的相关概念、SPC 数据的关键要素,了解 SPC 系统的使用和架构;
5. 了解先进封装产品量产机台的验证流程和标准,掌握机台验证报告的撰写要求。

技术技能

1. 能够熟练撰写 FMEA、Control plan、BOM 等相关工序文件;
2. 具备 SOP 和 OCAP 文件的撰写能力、先进封装各站点异常的判定能力、先进封装新产品基本参数设定的能力;
3. 具备进行量产机台验证和展机能力,以及同类型机台的工艺展机能力;
4. 具备产品导入过程中先进封装相关站点的程式建立能力、调试能力、分析导入过程中发生异常原因的能力,以及相关数据收集并汇总成报告的能力;
5. 具备 A 类 OCAP 异常问题处理能力,能够调查异常原因并汇总异常报告。

工程实践

1. 具备新产品开发、流程设计及验证改善的实践经验;
2. 具备新材料导入、工艺验证与性能优化的实践经验;
3. 具备新产品开发过程的异常调查、异常围堵,并作出对应改善的实践经验;
4. 具备新设备的机台能力评估、量产能力验证、机台展机的实践经验。

综合能力

1. 了解先进封装行业的发展历史、行业现状及技术趋势;
2. 具备良好的创新意识、学习能力、实践能力以及分析解决问题的能力;
3. 具备较强的团队意识、沟通能力、适应能力以及自我管理能力(进取、负责、严谨、务实)。

（四）封装制程工艺工程师

负责执行封装工艺制程的维护与管理的各项工作。

专业知识

1. 具备微电子技术、半导体物理、材料、自动化、电气、电子科学等领域的专业基础知识；
2. 熟悉封装工艺流程，熟知封装作业规范、工艺规范和质量规范；
3. 了解封装材料使用情况，掌握材料特性、材料选用流程及规则、产品检验规范、异常分析及异常处理方法；
4. 了解封装设备的原理、参数设置、生产所需环境条件及操作规范。

技术技能

1. 能够对机台程式的参数进行设置；
2. 能够正确判断封装机台及辅助设备的故障，调整优化封装设备的基本参数，制订最优产能和设备日常运维应用解决方案；
3. 具备封装制程中可靠性及失效风险识别、分析控制能力；
4. 具备数据统计及分析能力，掌握常见的问题分析工具，对收集的验证数据进行分析，形成评估报告，完成对工艺制程文件的新建和修订。

工程实践

1. 具备封装设备运行参数设置及维护的实践经验；
2. 具备及时发现并解决封装生产过程中问题的实践经验；
3. 具备封装设备中关键工艺参数分析的实践经验；
4. 具备封装生产管理经验，熟悉产品验收流程，能根据生产需求和设备、材料特点，制订最优产能和设备日常运维应用解决方案。

综合能力

1. 了解封装行业的发展历史、行业现状及技术趋势；
2. 具备良好的创新意识、学习能力，实践能力，进行封装技术的开发和创新；
3. 具备较强的团队意识、沟通能力、适应能力以及自我管理能力（进取、负责、严谨、务实）。

（五）封装设备工程师

负责执行封装设备维护、机台操作、故障处理等工作。

专业知识

1. 具备机械制造自动化、机电一体化、电子技术、电力系统运行原理等领域的专业基础知识；
2. 熟悉封装设备基本结构原理与规范操作等知识，熟悉机械图、电路图；
3. 了解封装设备的基本配置及相关品牌设备的性能、参数和优缺点。

技术技能

1. 能够对封装设备及配件耗材进行管理，节省相应成本；
2. 熟悉新设备引入流程中的文件建立规则及方法，能够调试封装新设备导入过程中的相关参数，解决异常，并提出可行性方案；
3. 能够掌握封装设备的维护与保养流程及注意事项，编写设备维护文件的内容，依据相关维护文件及异常处理流程及时处理相关异常；
4. 能够编写各种封装设备相关作业指导书，并制订培训计划，完成封装生产人员培训。

工程实践

1. 具备实施封装设备转产、安装调试及关键参数设置的实践经验；
2. 具备根据生产需求和设备特点，制订最优产能和设备日常运维方案的实践经验，能对设备常规故障进行定位，分析设备产生故障的机理，输出分析改善报告并解决异常，以及制订解决方案；
3. 具备维护所属设备稳定性，减少工艺缺陷，确保设备高效运转，提高成品率的实践经验；
4. 具备设备及夹治具改造、优化的相关实践经验。

综合能力

1. 了解封装行业的发展历史、行业现状、技术趋势；
2. 具备良好的创新意识、学习能力、实践能力，推进封装设备的开发和创新；
3. 具备较强的团队意识、沟通能力、适应能力以及自我管理能力（进取、负责、严谨、务实）。

（六）封装研发工程师

负责封装新产品技术开发等各项工作。

专业知识

1. 具备材料、物理、化学、机械、微电子等领域的专业基础知识；
2. 熟悉封装减薄、划片、上芯、压焊、塑封等工序的工艺原理和相关材料基本特性；
3. 熟悉产品验证程序、方法及实验设计的相关知识；
4. 熟悉产品策划开发的相关程序及封装设计规则与相关规范；
5. 了解封装设备的基本操作、工作原理、参数和各工序制程能力；
6. 了解产品封装各制程中可能出现的失效风险和可靠性风险。

技术技能

1. 能够熟练撰写 FMEA、Control plan 及 BOM 等相关文件；
2. 具备使用 JMP、Minitab 等数据分析软件对产品及实验数据进行分析评估的能力；
3. 具备封装各站点异常的判定能力，以及封装新产品基本参数设定、产品验证的能力；
4. 具备评估新产品材料、工艺、设备等对产品的影响及失效模式、可靠性风险的能力；
5. 具备使用封装设计常用软件的能力，能对产品进行独立设计。

工程实践

1. 具备新产品开发、流程设计、验证改善的实践经验；
2. 具备新材料导入、工艺验证、性能优化的实践经验；
3. 具备新产品开发过程的异常调查、异常围堵，并作出对应改善的实践经验；
4. 具备运用质量工具、统计分析工具等侦测制程变异，提供解决方案并解决问题的实践经验。

综合能力

1. 了解封装行业的发展历史、行业现状及技术趋势；
2. 具备良好的创新意识、学习能力、实践能力以及分析解决问题的能力；
3. 具备较强的团队意识、沟通能力、适应能力以及自我管理能力（进取、负责、严谨、务实）。

第四节　测试方向岗位

（一）ATE 工程师

负责测试方案设计、调试电路搭建、功能验证等工作。

专业知识

1. 具备电子信息、微电子技术、集成电路、软件开发等领域的专业基础知识；
2. 熟悉半导体测试的基础原理；
3. 了解数字芯片和模拟芯片常用测试项的基本测试方法及其关键参数与性能指标；
4. 熟悉 Verilog HDL 硬件描述语言的基本语法和基本编程；
5. 了解 FT 和 CP 两种测试流程所需要的相关软硬件要求及测试要点。

技术技能

1. 具备较强的集成电路动手能力，能够焊接电路板、验证电路，对测试数据简单分析；
2. 能够运用 EDA 设计软件，包括绘制原理图及 PCB layout；
3. 能够制订简单数字或模拟芯片的量产 ATE 测试方案；
4. 具备探针卡（Probe Card）与接口（WPI board）的选型与定做能力；
5. 具备较强的数据整理、分析与总结能力，并能基于芯片测试数据对芯片缺陷进行分析；
6. 具备常见模拟及数字模块仿真的能力，能够对常见组合逻辑和时序逻辑进行功能验证。

工程实践

1. 具备集成电路测试用例的故障定位、分析和解决的经验，能够输出芯片测试评估报告；
2. 掌握设计 SoC 芯片的量产 ATE 测试方案，并完成量产实施；
3. 具备编写测试相关文档的能力，能够输出相关报告。

综合能力

1. 了解半导体测试行业的发展历史、行业现状和技术趋势；
2. 具备良好的创新思维、学习能力、实践能力以及分析解决问题能力；
3. 具备较强的团队意识、沟通能力、适应能力以及自我管理能力（进取、负责、严谨、务实）。

（二）晶圆测试工程师

负责晶圆测试计划制订、调试电路搭建、测试程序开发等工作。

专业知识

1. 具备电子信息、微电子技术、集成电路、软件开发等领域的专业基础知识；
2. 熟悉晶圆测试的基本原理，以及各类测试设备和仪器的工作原理与使用方法；
3. 了解 CP 测试流程所需要的相关软硬件要求及测试要点；
4. 了解数字芯片和模拟芯片常用测试项的基本测试方法、关键参数及性能指标。

技术技能

1. 能够根据项目资料完成晶圆测试方案设计；
2. 能够完成 Probe Card 的设计与制造，具备搭建调试电路的能力；
3. 能够利用芯片资料和通信协议特性，编写 Pattern 文件；
4. 能够使用脚本语言或专业测试软件进行测试程序的开发和自动化测试脚本的编写；
5. 能够配合产品设计部门对失效样品进行分析、验证，并定位异常原因；
6. 具备良好的故障排除能力，能够分析和解决晶圆测试过程中遇到的技术问题和异常情况。

工程实践

1. 具备根据项目资料完成测试程序的开发调试、协助客户完成量产导入、收集验证数据、反馈客户评审并实现量产的实践经验；
2. 具备根据量产数据协助相关岗位工程师完善芯片功能测试，提高测试覆盖率、降低测试成本的实践经验；
3. 具备配合相关岗位工程师制订芯片的测试规范、设计芯片测试硬件原理图，并对芯片测试程序进行质量管控的实践经验。

综合能力

1. 了解半导体测试行业的发展历史、行业现状和技术趋势；
2. 具备良好的创新意识、学习能力、实践能力以及分析解决问题的能力；
3. 具备较强的团队意识、沟通能力、适应能力以及自我管理能力（进取、负责、严谨、务实）。

（三）成品测试工程师

负责成品测试计划制订、调试电路搭建、测试程序开发等工作。

专业知识

1. 具备电子信息、微电子技术、集成电路、软件开发等领域的专业基础知识；
2. 熟悉成品测试的基本原理，以及各类测试设备和仪器的工作原理和使用方法；
3. 了解 FT 测试流程所需要的相关软硬件要求及测试要点；
4. 了解各类分选机的基本工作原理及操作方法；
5. 了解数字芯片和模拟芯片常用测试项的基本测试方法、关键参数及性能指标。

技术技能

1. 能够根据项目资料完成成品测试方案的设计；
2. 能够完成 Load Board 和 Socket 的设计与制造；
3. 能够使用脚本语言或专业测试软件进行测试程序开发和自动化测试脚本编写；
4. 能够配合产品设计部门对失效样品进行分析、验证，并定位异常原因。

工程实践

1. 具备根据项目资料完成测试程序的开发调试、协助客户完成量产导入、收集验证数据、反馈客户评审并实现量产的实践经验；
2. 具备根据量产数据协助芯片设计人员完善芯片功能测试，提高测试覆盖率、降低测试成本的实践经验；
3. 具备配合芯片设计人员制订芯片的测试规范、设计芯片测试硬件原理图，并对芯片测试程序进行质量管控的实践经验。

综合能力

1. 了解半导体测试行业的发展历史、行业现状和技术趋势；
2. 具备较强的集成电路动手能力，能焊接电路板、验证电路，并对测试数据简单分析；
3. 具备良好的创新意识、学习能力、实践能力以及分析解决问题的能力；
4. 具备较强的团队意识、沟通能力、适应能力以及自我管理能力（进取、负责、严谨、务实）。

（四）测试设备工程师

负责测试设备维保、定期校准以及测试程序开发等工作。

专业知识

1. 具备电子信息、微电子技术、集成电路、软件开发等领域的专业基础知识；
2. 熟悉测试设备的原理、应用场景、操作规范以及测试系统的组成结构和工作原理；
3. 了解常见的IC测试方法和标准，包括功能测试、边缘测试、可靠性测试、故障分析等；
4. 了解常见电子元器件的性能指标、参数范围和使用限制。

技术技能

1. 能够熟练使用常见测试仪器，如示波器、信号发生器、逻辑分析仪、频谱分析仪等；
2. 能够掌握测试软件的使用方法，包括ATE自动测试设备上的测试程序编辑器和调试软件；
3. 具备良好的电子元器件焊接和检测技能，能够进行常见的元器件更换和维修；
4. 具备良好的测试设备的常规维护保养技能，能够完成设备的故障排查和修复。

工程实践

1. 具备维修和保养测试设备，诊断并解决设备故障的实践经验；
2. 具备对测试设备进行定期校准和验证，以确保测试结果准确性和可靠性的实践经验；
3. 具备对测试设备运行数据进行分析和异常处理，编写相关测试报告并记录的实践经验。

综合能力

1. 了解半导体测试行业的发展历史、行业现状和技术趋势；
2. 具备良好的创新意识、学习能力、实践能力以及分析解决问题的能力；
3. 具备较强的团队意识、沟通能力、适应能力以及自我管理能力（进取、负责、严谨、务实）。

结　语

　　岗位能力图谱为学生点亮了一盏明灯，指引他们在集成电路这片广阔的天地中找准定位，精进技能。

　　展望未来，我们将持续优化人才培养方案，深化校企合作机制，紧跟行业动态，确保教育内容与产业需求无缝对接。我们期待，通过不懈努力，能够为中国乃至全球的集成电路领域输送更多具有国际视野、创新精神及实践能力的高素质人才，共同推动集成电路产业迈向更高的发展阶段，为实现中华民族伟大复兴的中国梦贡献力量。

03

访谈记录

"芯"火永相传，青春正激昂

导　言

　　为助力人才培养和学科发展，强化青年学生的时代责任感和历史使命感，2024 年 7 月至 9 月，西安电子科技大学集成电路学部开展了"集成电路强国行"主题实践活动。此次活动以近三十年毕业于西安电子科技大学集成电路学部并从事芯片相关职业的校友为调研对象，选取其中具有代表性和典型性的人物开展了系列访谈。

　　本次社会实践，通过对优秀青年校友的调研走访和深度访谈，最终形成了调研报告、岗位能力图谱等成果。这些成果不仅为高校人才培养提供了宝贵的参考，还为高校回答"培养什么人，怎样培养人，为谁培养人"提供了理论基础和实践支撑，同时也有助于在校大学生明确历史使命，勇担时代责任。

　　本次调研的主要内容如下：

　　（1）采访半导体行业的杰出校友，探讨中国半导体发展现状与前景，以及人才、资金、政策需求。

同时，分享他们的成功案例和科研成就。

（2）向半导体企业的人力资源总监、技术总监，以及科研院所相关专业的老师和同学发放调查问卷，参观企业及工厂，了解企业及科研院所对半导体行业芯片人才的培养计划。

（3）联系政府相关部门，了解当地对半导体行业人才的帮扶政策及措施。

（4）分析优秀校友的访谈数据，揭示他们的成功方法和经验教训。通过总结不同校友的案例，提炼出普遍规律，以探索半导体行业人才培养的最佳策略。

本次社会实践从2024年7月1日正式开始，7月上旬至8月中旬，参加活动的14支实践团队各自分成3～4支小分队，分别前往联络好的企业、创业公司，以及科研院所和政府相关部门等单位(机构)实地调研，对已毕业的校友进行访谈；8月中旬至9月中旬，进行后期总结工作，包括整理资料和数据、建立数学分析模型、撰写调研分析报告，以及完成相关宣传工作，等等。本次社会实践活动整体安排科学合理，有效保障了调研的深入性和实践的有效性。

郭泽钰
心怀梦想，玉汝于成

郭泽钰，西安电子科技大学 2017 届微电子科学与工程专业本科生。在校期间，她曾荣获"本科生青春楷模"年度人物称号、"西电青年筑梦之星"以及"互联网＋"校赛金奖等荣誉。2021 年，她通过推免直接攻读中国科学院微电子研究所的博士学位，主要研究方向为基于新型存储器件的存算一体电路与架构设计。

求学旅程：日积跬步，勇攀高峰

郭泽钰学姐对半导体领域专业知识怀有浓厚的兴趣，并对攀登学术高峰充满了憧憬，2017 年从西电本科毕业后，她选择继续深造。在采访中，她谈道："我当时已经下定决心要读博士了，所以选择在所里进修，因为这里有很好的资源，时间上也更具优势。"就这样，她加入了刘明院士的团队，选择了自己喜欢的数字 IC 设计，主要研究存算一体芯片，具体做 SRAM 和一些新型架构的设计研究。

然而，从本科生到研究生的转变不只是学历上的提升，在学习方法方面也不尽相同。郭泽钰说："本科时老师会告诉你哪些知识要掌握，哪些不必深入；而研究生阶段在科研中，老师只给你一个研究方向，你需要自己去筛选、辨别信息，所以信息量会更大。"刚进入微电子研究所时，她阅读文献的速度很慢，有时遇到"拦路虎"，即使花一周时间也想不明白。经过思考，她决定转变策略，作为科研小白，要积极向身边的人寻求帮助，更要与老师保持良好的沟通。"有不懂的问题很正常，一定要敢于去问，求助不是放弃，而是智慧的坚持！"谈及过往，郭泽钰说道。

在老师的建议下，她大量阅读优秀论文的文献综述，以了解自己需要知道什么。日积月累中，她的学习效率日渐提高，也补上了自己欠缺的知识。"当你全身心投入后，你会发现科研的魅力，从小小的成就中去找到动力，每天前进一点点。"她认真地建议我们要静心投入，耐得住寂寞，慢慢积累。

学术心路：苦并快乐，劳有所获

在适应了研究方式和生活节奏后，郭泽钰正式踏上了自己的学术之路。她精进研究，打磨论文，期望得到顶级期刊和学术会议的青睐。功夫不负有心人，2024 年 2 月底，她之前投稿的一篇文章被录用。成功的滋味总能给人莫大的激励。

在访谈的前一周，郭泽钰刚从美国参加完会议回国，这次在国际顶级会议的分享让她受益匪浅。在会场中，她首先推荐了自己的报告，让更多的同行了解自己的工作，共同推动这个领域的发展；其次，通过这类会议可以结识更多优秀的人，与不同国家在同一领域努力的同仁交流，让她很有归属感。在学术交流之余，她也体验了当地的风土人情，感觉很美好。

提及前一周的经历见闻，郭泽钰脸上洋溢着自信而可爱的微笑。然而，丰收的硕果源自漫长的耕耘，对她而言，学术之路有乐有苦，痛并快乐着。在集成电路领域，三大顶级会议 EDM、ISSCC、VLSI 对截稿时间和文章质量要求极高。虽然随时都可以向期刊投稿，但审稿人和编辑要向作者反馈意见，还要经过多轮讨论与修改，直到最后发表，这是一个漫长的过程。尽管如此，她依然热爱自己的学术生活。"每次文章被录用，我都会感到自己的努力没有白费。"她向我们分享道。

殷殷启示：仰望星空，脚踏实地

回顾学习与工作经历，郭泽钰学姐告诉我们不要急功近利，更不能因为被拒稿就怀疑自己。"只要自己和老师都认为文章里确实有与别人不同的东西，这篇文章就一定有价值。"她说道，"当然，也要承认自己的研究结果无论如何完善，都必然有一定的局限性，这是因为每项工作有其特定的领域和场景。"

面对即将毕业的本科生，郭泽钰学姐叮嘱大家要有自己的理想目标，更要脚踏实地去行动。对于后续大家如何选择导师和研究方向，她也给出了宝贵的建议。她坚信，微电子领域会随着更多新兴力量的加入而快速发展，中国微电子人的未来一定会很美好。

（撰稿：2021级 苏鸿宇 刘梓强）

何 浩

扎根微电子，做新时代"芯"青年

何浩，西安电子科技大学 2018 级微电子科学与工程专业本科生，后在中国科学院微电子研究所攻读硕士研究生，研究方向主要为电路仿真，具体包括使用工业仿真软件进行第一性原理研究，涉及材料、器件、电路等领域，主攻器件方向。

何浩 2018 年进入西安电子科技大学学习，经过认真的考量，他选择了微电子科学与工程专业。当被问起选择该专业的原因时，何浩表示，这是国家目前大力发展的一个专业，有很多实现个人理想的机会，而且自己本身也很感兴趣。在本科阶段，何浩对待学习稳扎稳打，进行了很多科研上的尝试，这为他在中国科学院微电子研究所的进一步学习打下了良好的基础。回忆起在西电的学习生活，他说柴常春等老师的课程深入浅出，不仅使他学到了大量的知识，还获得了启发，让他在自己的人生道路上作出了正确的选择。

目前，何浩在中国科学院微电子研究所主要进行仿真方向的研究，具体来说就是使用工业仿真软件进行第一性原理的研究，涉及材料、器件、电路等领域，也叫 DDCO（技术协同优化），他主攻器件方向。

作为一名研究生学长，何浩为本科在读的学弟学妹们提供了很多经验和建议。他讲道："以中国科学院大学为例，研究生第一年在雁栖湖校区上课，与本科生的生活基本相同，但是研二、研三到了科研院所，体验就完全不同了。研究生生活以项目和任务为导向，可能需要经常加班做科研，学习方式与本科生也有较大的差异，研究生很多时候需要向组里的师兄师姐学习，并且也要有独立探索及解决问题的能力。"

何浩认为西电的学风非常严谨，培养了同学们敬畏知识、一丝不苟的学习态度；同时，学院课程设置全面，培养出来的学生基本功也很扎实；而且，学生们学得多，知识面广，因此在科研工作中适应较快。何浩鼓励大家在这个领域继续深造，去实现自己的人生理想。

（撰稿：2021 级 刘新宇 王一星）

彭新芒
努力成为专注科研攻关的工程师

彭新芒，西安电子科技大学集成电路学部 2000 级校友，大学毕业后进入中国航天科技集团公司第九研究院 772 所工作，工作内容覆盖模拟－数字－模拟转换器以及宽带通信。在 772 所工作的 20 年间，他负责过众多重点项目。

求学之道，倾囊相授

彭新芒在西安电子科技大学求学时，课程的主要内容还是关于微电子以及半导体器件的，当时，学校器件类的课程多于电路设计。彭新芒以自身为例，向同学们讲述了他当时在学习上遇到的问题，并细致分享了自己的解决方法。他反复强调，要在重要课程上打好坚实的基础，他说："对于微电子科学与工程专业的学生来说，一定要学好数字电路与模拟电路，当然，各种电子元器件的原理及基本应用也要熟练掌握。"他提到，在扎实学习并且牢固掌握好各种底层知识之后，还要学习有关顶层架构的内容，同时要着重学习系统应用层面的知识，以此来增强对集成电路设计的感知力。在分享专业学习方法的同时，彭新芒结合自己在工作中的经历，强调在学生时代就要加强学习的能力，不仅是在课堂上的学习能力，也要着重加强自学的能力。

"点满技能树"，独当一面

彭新芒大学毕业刚到 772 所时，还是个初入职场的"小白"。通过一天天的学习，一个个项目的历练，以及一次次跌倒又爬起的磨砺，彭新芒如今已逐渐拥有了独立领导项目的能力。他说："对于我们这些需要经常做产品的同志而言，一项产品从萌芽到成功落地要全程跟踪。一项电路产品从电路设计到版图设计，再到流片，最后到应用层面和售后，我们都要全程参与，各个环节的知识我们都要掌握一些，争取做到产品全周期管理。"这无疑需要从业者掌握全面的知识，做到面面俱到。彭新芒正是从跟随团队参与的一次次项目中，不断弥补自己在知识层面上的不足，逐渐地"点满技能树"。

责任在身，荣誉满袍

彭新芒及其团队设计的电路主要是偏向军工、科工以及宽带通信领域的，比如射频微波电路以及宽带卫星电路。这类电路的设计无疑是重点领域、重点项目的核心部分。面对如此重大的项目，彭新芒深感肩上责任重大。他对同学们说："我们团队成员都要打起十二分精神，只许成功不许失败！我们一定要把每个项目都搞好！"每次完成重大项目之后，彭新芒都如释重负，他说："每次看到自己的产品被应用到重大项目中，心中的自豪感便油然而生。"正是那责无旁贷的精神激励着彭新芒不断攻克科研难关，而那些荣誉，就是对他最好的奖章。

在访谈的结尾，彭新芒寄语同学们："祝你们在学习以及科研的道路上越走越远，终能踏平坎坷成大道。未来的集成电路行业属于你们，加油！"

（撰稿：2021 级 林祥 龚春航）

曾奇宇
脚踏实地，仰望星空

曾奇宇，曾在西安电子科技大学攻读硕士研究生，研究方向为氮化镓半导体器件。之后，他逐渐涉足数字 IC 的开发领域，目前在中国航天科技集团公司第九研究院 772 所负责模拟电路中模拟开关、多路复用的研究工作。

万丈高楼平地起

曾奇宇学长在毕业多年后这样评价母校："我们学校在半导体器件方面的研究及教学走在诸多高校之前。"

模拟电路的研究不同于数字电路，模拟电路需要研究者灵活转换研究的层次，从器件级、电路级、结构级到系统级全面考虑电路的设计。因此，从事模拟电路研究必须具备扎实的半导体器件基础知识，才能在模拟电路研究的路上走得更远、更久。

半导体器件相关知识的学习，一方面有助于我们设计模拟电路版图，另一方面能够让我们在面对问题时具备向底层溯源的能力，这对于设计者而言至关重要。半导体器件的学习无疑是集成电路这一万丈高楼的基石。

以梦为马，坚定梦想

在谈到研究方向时，曾奇宇学长告诫我们一定要选择自己真心喜欢的方向，而不是随大流，人云亦云。

幸运的是，在西电全面而系统的培养下，我们很多本科生对集成电路全链条已有了初步认识，找到了自己未来研究生阶段可能感兴趣的方向。哪怕没有明确喜欢的方向，我们也应该知道自己不喜欢什么，通过排除法确定未来的方向。

学长还告诉我们，有了目标之后就要付诸实践，在实践的过程中，不要被知识的欠缺所束缚而停滞不前；同时，应该培养自己边做边学习的能力，不能畏葸不前，因为我们不可能等到所有知识都具备了才去实践，相反，应该在实践中学习，这是摆脱学生思维的第一步。

专注当下，认真学习

集成电路行业有着众多杰出的校友，这证明我们西电人完全有能力撑起中国集成电路领域的一片天。他们都拥有刻苦钻研、勇于创新、善于合作等西电的传统品质。学长希望我们也能够将这些品质传承下去，并发扬光大。

曾奇宇学长以自身的经验向我们分享了西电在他成长过程中发挥的重要作用，让我们这些年轻的"西电人"不再妄自菲薄，建立起坚定的自信心，相信我们未来也能在集成电路领域作出突出贡献！

（撰稿：2021 级 邱宇驰 沈果）

屈 仝
勇做开拓者

屈仝，西安电子科技大学集成电路设计与集成系统专业 2016 级校友，2020 年本科毕业考研进入中国科学院微电子研究所，目前正在读博。

在访谈的过程中，我们询问屈仝学长为什么选择在中国科学院微电子研究所读研。学长表示："首先，我是北京人，这是我选择它的一个重要原因；其次，中国科学院微电子研究所在很多领域具有显著优势，导师的专业水平很高，实力也很强劲。"学长还说："当初作为考研生，我抱着做数字设计的想法，在官网上查找并联系了几位导师，但在进所之后，发现有些实际情况还是与之前所想象的有出入，所以大家还是需要多了解、多沟通，以确定自己最终的研究方向。"这给了正处于选择导师阶段的我们很多启发。

当今，微电子行业发展迅速，但也面临着不少"卡脖子"难题。很多同学希望对该行业有更多的了解。学长表示："由于近些年微电子科学与工程专业扩招，加之疫情影响，以后就业竞争压力会越来越大。过去即使不是这个专业的学生，也可以找到设计的工作，但现在企业对学生的专业和就读学校有了更高的要求。在微电子研究所从事工艺和器件研究方向的人，有很多在找工作时也会转去做设计。此外，研究所和公司的工程实践存在较大差异，所以研究生阶段选择的研究方向和以后工作时的方向还是会有差别的。"对此，我们要认识到行业的发展现状，在本科和研究生阶段努力学习好专业知识。

我们还应专注当下，认真学习。不同的培养模式有不同的学习内容，在研究所读研主要培养科研能力和解决问题的能力，而在企业则会学到一些新的知识与技能。即使在研究所打下了一些基础，进入企业之后仍然需要不断学习，一定要养成终生学习的习惯。学长讲述了在研究所日常需要进行的工作："学生需要完成老师分配的项目，解决老师提出的问题，需要利用自己之前所学的基础知识去定位这个问题，明确问题涉及哪些学科和哪些领域，然后再查找相关资料、阅读文献，了解他人解决类似问题的方法，甚至去了解有无现成的商业方案。通过这些方式，能够迅速地将知识和实践结合到一起。"

最后，学长给西电的学弟学妹们留下了寄语："感谢母校的培养，为我的科研之路打下了坚实基础。希望大家好好珍惜大学时光，开阔视野，多多动手，做一个勇敢的开拓者。"

（撰稿：2021 级　包倩玟　牛嘉乐）

孙世凯
将学术用至科技前沿

> 孙世凯，研究生就读于西安电子科技大学，目前在中国航天科技集团有限公司第九研究院772所从事SIP（系统级封装）方面的工作。在访谈过程中，他分享了自己从西电毕业后选择到772所的原因、工作内容、职业挫折及克服方法、大学课程对职业的影响，以及他对本科生的学习建议，最后还简要介绍了人工智能芯片的发展现状。

孙世凯学长选择到772所的原因有很多。他提到，选择772所的一个重要原因是离家近，可以更好地兼顾工作和家庭。此外，他一直以来的梦想是从事航天事业，而772所作为航天领域的重要单位，正是他心之所向。该所科研技术水平高，工程项目涉及前沿领域，具备深厚的技术开发基础和综合实力，这些都是他作出选择的重要因素。更令他满意的是，这里的工作与专业对口，个人发展与个人追求能够得到统一。

学长目前主要从事SIP的研发工作，这些SIP用于战略型号的电子系统。他的任务是将这些系统的核心元器件缩小，以适应严苛的太空环境。与普通SIP不同，这些电子系统需要在真空环境下运行，并承受极端的温度和热冲击。因此，他不仅要将元器件做小，还要确保其可靠性和散热性能。这些系统进入太空后，需要进行信息重构和功能实现的变化，涉及软、硬件协调和计算架构设计。

学长提到，从事 SIP 的研发工作对他来说是一个巨大的挑战，尤其是他的研究方向要从原来的碳化硅功率器件应用转向计算机系统。他面临的主要困难在于思维方式的转变：在做半导体物理研究时，他主要优化的是具体器件的某个参数；而做计算机系统研究时，则需要在非最优的器件上实现系统整体的优化。为了克服这些困难，他积极向有经验的同事请教，补充基础知识，如学习 C 语言和汇编语言，同时寻找自己技术背景与新领域的结合点。

大学期间的数电、模电和信号系统等课程对学长现在的工作有着重要影响。他提到，数电和模电的相关知识在他的工作中应用广泛，尤其是在 SIP 和电子系统设计中发挥了关键作用。此外，工业硅冶炼工艺课程也与他从事的行业有很高的相关性。

对于即将进入研究生阶段的本科生，学长建议他们要加强基础课程的学习，如数集、模集和专业英语。他提到，大三时课程虽然都已结束，但大家可以预先接触自己感兴趣的领域，进行相应的规划，特别是对于数集、模集的学习，虽然课堂上只学了前五章，但后面的内容在实际应用中也非常重要。他建议学生结合自己的规划，深入学习相关课程，为研究生阶段的学习做好充分准备。

最后，学长简要介绍了人工智能芯片的发展现状。他提到，国内在 GPU、IPU 方面已经取得了一定的进展，但与英伟达等国际领先企业相比还有差距。如何提升我们的技术实力，关键在于软硬件之间的协同，只有在软硬件都具备高水平的情况下，硬件才能发挥出最大性能。他认为，未来的技术发展需要复合型人才，既要懂得硬件设计，又要掌握软件开发，实现软硬件的协同优化。

（撰稿：2021 级 杨凯 陈明浩）

杨俊祺
不忘初"芯"，方得始终

杨俊祺，西安电子科技大学计算机科学与技术专业 1994 级校友，现就职于北京华大九天科技股份有限公司。

1998 年，杨俊祺毕业后选择就业，在公司主要从事软件开发工作。起初，她对 EDA 的了解相当有限，更没有机会开发新功能。当时，她并不清楚自己专业未来的发展方向，只是按照公司的安排认真工作，不懂就问，勤于学习。就这样，她懵懵懂懂地步入了社会，开始从事编程工作，后来又转岗至技术支持岗位。这项工作要求从业者对软件功能有深入的了解，并要依赖客户的反馈来指导研发。

后来，国家意识到微电子领域的重要意义，开始大力扶持 EDA 产业。杨俊祺所在的四十多人的小团队从华大电子中独立出来，成立了北京华大九天科技股份有限公司。公司成立初期，她就参与了一个国家级的重大项目。在那个年代，国内 EDA 产业还处于萌芽阶段，很多事情都在摸索之中，这个项目对整个团队来说无疑是一个巨大的挑战，但团队迎难而上，摸着石头过河，不断学习、请教，招聘新员工，引入新技术，逐渐掌握了项目管理的方法。最终，项目顺利通过验收，为公司未来的发展打下了坚实的基础。

在访谈过程中，杨俊祺介绍道："华大九天的发展并不是一帆风顺的。公司在成长过程中，也曾遭遇重大打击，经历过'死亡低谷'。但正是在低谷中，团队成员磨炼出了坚定的决心、信心和恒心，锤炼了能力，增强了毅力。艰难困苦，玉汝于成。困难是伟大事业的砥砺石。今天的华大九天能成为国内 EDA 领域的领军企业，正是源于这份克服艰苦、战胜艰苦、驾驭艰苦的决心和本领。"

在交谈过程中，杨俊祺总结了两点经验。第一，大学毕业以后首先要深耕于技术。如果没有技术作为依托，在整个职业生涯中都可能处于不自信的状态，也会一次次错失很多宝贵的机会。第二，要耐得住寂寞，要坚持下去。她说："成功的秘诀就是五个字——坚持和命运。"在工作和生活中会有很多的挫折与困难，只有经历过艰难困苦的磨炼，才能像玉石一样被琢磨成器，最终实现自己的价值。

在访谈的尾声，杨俊祺也表达了对国产 EDA 软件发展的坚定信心。她鼓励在场的同学们，要认真钻研专业技术，学有所长，未来投身于 EDA 领域，为 EDA 软件国产化贡献自己的一份力量。

（撰稿：2021 级　王程　林湃）

胡 晟
做科研探索的先行者

胡晟，西安电子科技大学 2017 级微电子科学与工程专业本科生，被推免至中国科学院微电子研究所读研，主要研究方向是协议的物理层。

兴趣科研，行稳致远

当提及在科研工作中的动力与压力时，胡晟学长表示："兴趣是最重要的动力，做研究一定要选择自己感兴趣的内容。如果你听了一些人的建议，选了一个自己不太喜欢的方向，尤其是进修博士学位，需要长时间去深耕这一领域，那你将会非常痛苦，甚至可能会熬不下去。所以，我的建议是，即便你没有选择自己喜欢的方向，起码也不能选自己厌恶或排斥的方向。至于科研的压力，得看个人的目标和追求，如果只是想拿个文凭，那压力不大；但是如果想把工程做得很好，在顶级期刊上有学术产出，还是有一些压力的。"目前，胡晟学长正准备读博，相信他对自己的研究方向是充满热爱的，唯有找准兴趣，科研之路才能行稳致远。

研校辨析，指引方向

当被问及在研究所和高校读研的差别时，胡晟学长从学业和生活两个方面给予了回答。在学业方面，首先，研究所的项目方向比较固定，定了方向之后就能专心钻研，避免三心二意，这是一个显著优势；其次，研究所通常会承接很多科研项目，这样一来研究经费就会很充足，这对个人未来的发展也是很重要的；另外，研究所的工程项目导向式的学习方式更能激发学生研究的动力。在生活方面，研究所的模式更偏向于职场，而高校还是校园生活。胡晟学长还提到，研究所提供的薪资要比高校高，如果考虑到家里的经济情况，可以选择到研究所进行深造。

除了结合家庭实际条件给出一定的建议，学长还建议想去研究所读研的同学，在大四确定好导师以及研究方向以后，提前学习相关知识。他说，微电子研究所的研究生第一年会在中国科学院大学上课，有很多课程跟本科阶段是重复的，学习压力不算大，也有一些新的课程需要学习，但是无论如何，中国科学院大学的课程都很硬核，能学到很多有用的知识。

本科阶段的学生或许都有一个困惑：我学的知识有什么用？是不是已经过时了？学长结合自己的研究方向给出了见解："本科阶段的模集、数集、信号与系统等课程得学扎实，不然会影响后期的拔高。你们现在模集课程使用的主要教材是毕查德·拉扎维的著作，这本教材的难点在于频率响应、噪声、反馈等知识点的混合应用。但是这些都是基础，如果以后想要在电路方向深入研究，拉扎维的那本书就应该多过几遍，打好坚实的基础。研究生和博士生的模集课程更难、更深入，但都是以本科学习内容为基础的。"

无论是读研还是将来就业，我们都要不断地学习，精进自己的科学技术水平。学长还特别强调："大家进入企业或研究所后，要努力进入团队的核心层，接触核心技术；如果没有接触到核心技术，眼界就不会那么开阔，也无法了解很多高精尖的技术，做的东西可能只是教科书上一些非常基础的部分，但实际上工业界不是这么做的，这就是信息差。核心技术是每家公司自己的技术壁垒，一定要努力去争取资源，不断学习以提高自身竞争力，避免成为工业废料。"学长还建议学弟学妹们，经过本科阶段的学习，更应该明白学习是自己的事，研究生期间要积极主动，不要等待导师分配任务；确定好研究方向之后，就应该尽快学习相关知识，只有主动去寻求资源，积极学习，才能成就一番事业。

学长对科研的热爱和积极向上的态度让人动容。人生是自己的，只有积极追求，才能绽放光彩。

（撰稿：2021 级 魏宇堃 周明宇）

张 玉
打牢基础，深耕电子领域

张玉，西电校友，现任职于中国航天科技集团有限公司第九研究院 772 所 FPGA 事业部。他的工作主要涉及前端设计和后端批量生产两大领域。

万丈高楼，始于垒土

在交谈中，张玉认为，要胜任 FPGA 事业部的工作，需具备扎实的数字电路设计和模拟电路设计基础知识。在学生阶段，张玉广泛学习了相关的基础课程，如数字电路、模拟电路和半导体物理导论，以确保自己专业知识的全面性和深度。基础知识的扎实积累为张玉的实际工作提供了坚实的理论支持。

在 772 所，员工的职业发展路径主要分为技术提升路径和管理提升路径。技术提升路径的起点通常是助理工程师，随着工龄和经验的积累，可以晋升为普通工程师、高级工程师，最终达到研究员级别；管理提升路径则从组长起步，逐步晋升为副主任、主任，再到副总级和总级。为了实现晋升，张玉需要掌握扎实的基础知识，积累丰富的工作经验，并学习更多技能，这对管理提升路径中的统筹安排和技术提升路径中的挑战性任务至关重要。

前途光明，未来可期

张玉提到，当前集成电路行业正经历着一个持续向上的发展阶段。从2019年开始，该行业进入了一个快速发展的时期，2020年和2021年更是达到了发展的顶峰，2022年依然保持了高水平的发展态势，但2023年的发展速度略有下降。尽管如此，与2019年之前相比，目前的集成电路行业依然表现了出良好的发展势头，预计未来将继续保持稳定增长。张玉认识到，该行业在国防建设、互联网应用及广泛的民用设备生产中发挥着不可或缺的作用，因此行业的发展前景仍然非常乐观。

在研究生阶段，张玉发现课程设置和实验课的设计与实际岗位需求之间有着较高的相关度。基于此，他在学好基础课程的基础上，立足长远，以未来的职业方向（如数字电路、模拟电路、射频技术等）为指引，进行了更多的拓展和专业化学习。这种有针对性的学习，不仅使他在理论知识层面实现了深度拓展，还在实践技能方面得到了有效提升，极大地增强了他个人能力与实际工作岗位需求的匹配程度，为其未来职业发展奠定了坚实基础。

踏实肯干，为校争光

在工作中，张玉与校友的接触较多，他发现西电的毕业生工作都比较踏实。张玉的师傅及许多同事都是西电的毕业生，他们在工作中表现出了较强的责任感，且都具有扎实的专业基础。此外，在参与部门的招聘工作时，张玉面试了大量来自西电的毕业生，发现他们普遍关注薪资待遇，并且更倾向于私企和外企，尤其是位于上海和深圳等大城市的企业。然而，张玉认为，研究所的环境能够为毕业生提供实现理想的良好平台，性价比也非常高，因此他鼓励更多的西电毕业生加入研究所，以便更好地实现自己的职业目标。

（撰稿：2021级　李宗霖　雷盛茗）

黄思源
做不懈求知求进的有"芯"人

黄思源,西安电子科技大学微电子学院集成电路设计与集成系统专业 2015 级校友,师从张金凤教授,硕士毕业后进入海光信息技术股份有限公司担任器件工艺工程师,从事器件研发与工艺设计工作。

脚踏实地,奋楫扬帆

在交谈中,黄思源学长多次提到本科专业课程学习的重要性。在他看来,微电子领域包含的范围广泛,堪称"工业技术的结晶",涵盖了设计、制造、生产等多个方面。对于未来想要从事该领域工作的学生来说,每一门课都至关重要。半导体物理课程和器件物理课程是其他课程的基础,可以帮助同学们了解集成电路底层的技术原理,助力其他专业课的学习和理解。黄思源学长说,在本科阶段一定要夯实基础,不要给自己设置过多的限制,基础知识的缺失将会成为未来就业的一大硬伤,不利于个人发展。"相比于会什么,做过什么更重要,基础的积累是必不可少的。"这是黄思源学长给同学们的建议。他提到,同学们在学习专业课知识之余,也要积极拓展课外知识，由于本科课程内容多聚焦于电路本身，而对于更深层次，如CPU、GPU芯片设计等方面的知识涉及较少，多去了解、学习这些内容有助于未来职业的发展与晋升。

学以强国，研以兴邦

由于美国的制裁，我国的高端芯片产业不得不从原来的过度依赖进口转变为如今的自产自销。在此背景下，芯片行业得到了飞速发展，各高校也积极响应国家号召，致力于培养芯片行业人才，以填补这一领域人才的巨大缺口。然而，成为一名资深芯片设计工程师不仅需要扎实的基础知识，还需要一定的实战经验。

目前，芯片企业在招聘时对学历的要求逐渐提升到研究生学历，因此，黄思源学长建议，本科生若有机会，一定要继续深造。他说："以设计芯片为例，学生在本科阶段主要学习如何使用芯片；到了研究生阶段，才会学习如何设计芯片。要想设计好一枚芯片，工程师首先要了解客户的需求，即芯片是干什么用的。对于如何确定自己未来的就业方向，可以从主观性和客观性两方面去判断。主观性包括个人的性格、社交能力等，要清楚地认识到自己是什么样的人，这一点在求职及职场发展中至关重要。而客观性则需要考虑自己对于理论知识学习的深度以及专业学习的能力，结合个人兴趣和专业技能掌握情况，不断摸索出适合自己的方向。对职业规划有前瞻性的同学，可以通过实习来明确所学的理论知识与实际应用的关系，进而调整自己的状态和学习方向及重点。"

设计蓝图，把握机遇

谈及芯片行业所遇到的机遇和挑战，黄思源学长对此充满信心，认为"机遇大于挑战",国家发展的大趋势是不变的,目前所遇到的挑战在未来都会被逐一解决。他坚信所有的问题在时间面前都不值一提,只要把技术做好,瓶颈都会被突破,摆在我们面前的都是机遇,但如何抓住机遇、用好机遇,则是我们需要面对的挑战。必须承认,美国的制裁是我国芯片行业发展的一大转折点,如果没有这次制裁,也许我国的芯片产业还不会有如此飞速的发展,但这并不意味着即使未来中美关系缓和,中国的芯片行业就不再景气。去欧美化是我们的目标,从国际方面来看,芯片行业的机遇不局限于此,人工智能对于算力的需求会推动芯片不断更新迭代,我们面对的挑战是芯片本身,如今摩尔定律存在一定的局限性,如何在工艺上取得突破是芯片行业未来能否持续发展的关键。

对于个人而言,国家政策、战略发展可以指导我们就业,但不会决定我们的选择和发展。面对大的机遇,提高个人竞争力是首要目标。一个行业在经历快速发展期后会进入平稳期,波动是正常现象,所以在芯片行业,一个人不可能永远处于高光时刻。我们与其担心未来薪资的高低,不如着眼于当下,努力提升个人能力和科研水平。院校和导师提供给我们的只是平台,个人的努力和成长才是关键。

最后,黄思源学长再次强调了基础知识的重要性。他认为,提高学习能力是基础也是核心,本科课程都有其存在的必要性,我们在了解各个方向后,应慎重选择个人未来的路。

(撰稿:2021级 许坤 李一飞)

张志远
对细节的深入把握

张志远，西安电子科技大学 2020 届硕士校友，目前在海康威视担任高级电路设计工程师，专攻微影传感技术。

从寻觅到深刻领悟

从学校到职场，从学生到工作者，张志远感慨地说："这种转变并不容易，有一定的挑战性。不过只要在校时打好专业基础，在职场上保持好奇心，锻炼自己的动手能力，任何困难终将迎刃而解。"工作上的所见所思反映了张志远的求学心态——夯实基础，好奇求知。他认为走好脚下的路，不必担心未来的坎坷，做好当下，才是解决问题的最好办法。

万仞高峰，始于点滴积累

在交谈中，张志远多次提到专业基础一定要扎实。他说："不管是芯片设计还是 FPGA 开发，核心在于你的知识储备。基础知识的积累需要耗费大量的时间，本科阶段需要学习专业课程，工作以后则需要在这个领域去积累相关的经验。"对于即将步入职场的本科生，他建议大家在学校期间要认真学习，注重数电、模电等基本电路知识的学习，同时也要学好与信号系统相关的内容。此外，他强调要多参与课外的实践竞赛，多参加一些项目，不需要很难很复杂，只要了解项目的流程，锻炼了动手能力，就是最大的收获。

不仅如此，张志远还提到："要有相应的调试和解决问题的能力，这是很关键的，遇到问题要有清晰的思路和方法。"不论是在学习、工作还是生活中，解决问题的能力都十分重要，这需要我们不断积累锻炼。不积跬步，无以至千里；万仞高峰，始于点滴积累。

耐得住甘坐十年冷板凳的寂寞

"其实我们公司有很多咱们学校毕业的校友，但是因为大家都是做技术的，平常基本只有工作上的交流，性格大都比较内向。"张志远说道。内向的性格虽然可能是短板，但这种性格的人，也就是我们常说的"闷油瓶"，往往能默默干出大事。在科技领域中，最宝贵的品质便是毫不动摇的耐力以及坚定不移的初心。干实事、守初心始终是西电人的特色，在他看来，内向的性格其实是踏实能干的精神体现。

在交谈的最后，张志远再次表达了对微影传感技术以及芯片事业坚定的信念。他坚信，只要有更多的人参与进来，不断攻克"卡脖子"难题，再难的事也会慢慢成功，再遥远的梦想也终将实现。

（撰稿：2022 级 刘子硕）

于 森
夯实根基，踏实前行

于森，西安电子科技大学微电子学院 2018 届校友，硕士研究生，毕业后先在上海工作了一年，之后加入海康威视，现为海康威视研究员 / 高级逻辑设计工程师。

扎根基础，博采众长

如今，由于缺乏明确的目标，越来越多的大学生对自己的未来感到迷茫，学习生活漫无目的，轻视课程学习。于森在访谈中始终强调课内基础知识的重要性，如高等数学、线性代数、信号与系统等。他说："虽然课本上的内容对很多同学来说非常抽象，但是在以后的工作过程中，我们就会发现许多现实问题的解决都需要这些内容的帮助。"此外，他也鼓励同学们参加各类竞赛。他强调，参加竞赛不应只是为了保研加分，而是要在竞赛过程中学会应用已学的知识，并锻炼自己的动手能力。例如，电路设计类竞赛可以让大家提前接触电路设计的方法，为以后进入相关企业打下基础；数模类竞赛看似与微电子专业关联不大，但这类竞赛能提高大家的学科交叉能力，将会使今后受益。

学研领航，入微逐梦

随着社会日新月异的发展，各行各业对人才的需求发生着剧烈变化。在如今这个时代，微电子领域的竞争越来越激烈，因此进入相关企业的门槛也越来越高。要想进入大企业，研究生学历几乎成了必备条件，并且还要具备相关领域的基础知识以及参加过该领域项目的经历。这一现状提醒同学们：社会上对高学历且具备扎实专业知识的人才有强烈需求，而那些对相关领域基础知识掌握平平的人，并不具备竞争优势。这也从侧面体现出半导体行业的前沿性和高要求，能够身处该行业，是大家的荣幸。

产业洞察，实践引领

毕业之后进入社会，是我们每一个人都要经历的。在此过程中，我们遇到的第一个问题就是去哪里工作？无论是校友于森所在的海康威视，还是我们最近参访的士兰微电子，都是实力极强且有自己特色的企业。然而，于森向我们指出，尽管杭州也有很多优秀的企业，但是多数半导体企业仍然聚集在上海。无论从企业密度还是尖端科技的发达程度上看，上海都是半导体行业的中心。这对我们今后工作区域的选择有着极大的参考意义。此外，杭州等地的很多公司虽然可能规模并不大，但是在某些细分领域十分专业，我们今后也可以关注和考虑这类公司。

此外，很多同学表达了对专业方向的担忧，担心自己的研究生方向无法与未来的工作接轨。通过与于森交流，我们意识到，即使研究生阶段的研究领域和未来工作方向有偏差，也没有什么影响，我们更应该关注自己综合能力的提高。

这次的访谈让每个人受益良多，不仅让大家了解了相关领域企业的发展趋势以及对人才的需求，还为我们指明了个人发展的方向，同时也激励我们在微电子与集成电路领域继续努力！

（撰稿：2021 级 王盛远）

邬　刚
笃行致远，筑梦前行

　　邬刚，2003 年毕业于西安电子科技大学，毕业后在华为工作了四年，研究光传输芯片的设计。随后，他在阿根廷创业一年并取得成功，之后毅然选择回国创业。他先后成立了四家公司，最终创立了杭州加速科技有限公司，专攻 FPGA 芯片的设计。

追忆创业时光，细述甘辛冷暖

　　"我一共有过四次创业经历，加速科技是我的第四家公司。还记得第一次创业时，我们四个人租了一个四居室，非常辛苦，但最终还是以失败告终。"邬刚说道。创业本身就是一场巨大的冒险，根据他多年的创业经验，他认为第一次创业大概率不会成功。他说："想要创业成功，首先，必须有一定的抗压能力，有直面困难的勇气；其次，要有宽广的胸怀和格局，在创业的过程中要让自己的伙伴和搭档认可自己、信任自己，这一点非常重要；最后，要具有对未来的精准洞察力和对市场发展的敏锐感知力，只有选对方向，努力才不会白费。"

机遇与挑战并存，未来云开见日

面对瞬息万变的芯片市场走势，邬刚以他独到的眼光，前瞻性地指出："芯片是我们所有技术的底层，就像金字塔的底座一样，做芯片永远不会过时。如今物联网发展如此迅速，要想实现真实世界与虚拟世界的链接，芯片的研究必不可少。"然而，要在这条充满挑战与机遇的道路上稳步前行，推动我国芯片行业的蓬勃发展，却绝非易事。这要求我们不仅要拥有深厚的专业知识储备，还需具备前沿技术的敏锐洞察力和不懈的创新精神。面对国际竞争的激烈态势，我们需要克服技术壁垒，打破封锁，自主掌握核心关键技术。同时，加强产学研合作，构建开放共享的创新生态体系，也是推动芯片行业发展的关键所在。

心怀壮志，紧握我国芯片行业的黄金机遇

最后，邬刚的话语充满了鼓舞人心的力量，他鼓励大家："深入研究芯片，不断发展我国芯片行业是一项长期而艰巨的任务，但只要我们坚定信心、勇往直前，就一定能够在未来的科技浪潮中占据一席之地，为国家的繁荣富强贡献自己的力量。因此，我希望你们能够珍惜眼前的时光，努力学习专业知识，不断提升自己的综合素质；同时，要保持一颗勇敢探索的心，敢于挑战未知，敢于突破自我。记住，无论未来的道路多么崎岖坎坷，只要我们坚定信心、勇往直前，就没有什么能够阻挡我们前进的脚步。我相信，在不久的将来，你们中的许多人将会成为芯片领域的佼佼者，为我国芯片行业的发展贡献自己的力量。你们将亲手书写我国芯片行业的辉煌篇章，让中国的科技之花在世界舞台上绚丽绽放。让我们携手并肩，共同迎接未来的挑战与机遇，为国家的繁荣富强贡献自己的青春与热血！"

（撰稿：2022 级　刘子硕）

李 想
万仞高峰，始于点滴积累

李想，西安电子科技大学集成电路学部 2019 级本科生，目前就职于广东赛微微电子股份有限公司。

脚踏实地，精益求精

李想在接受采访时表示，他目前担任 DC-DC 转换器设计工程师一职，主要工作内容包括设计和优化 DC-DC 转换器电路。

谈及胜任这份工作所需要的专业知识和专业技能时，李想认为，半导体物理、微电子器件工艺与制造、集成电路设计等课程为理解和设计 DC-DC 转换器提供了基础；同时，模拟电路和数字电路的相关课程，包括模拟集成电路设计、数字集成电路设计等内容，也是 DC-DC 转换器模拟部分和控制部分的基础。

对于从学校的课程中可以学到哪些专业知识和专业技能，以及入职后还需要进一步学习哪些内容，李想表示，电路基础、数电、模电这类基础课程在本科阶段打好基础是十分重要的，这些基础知识在未来工作中会频繁应用；而入职之后，还需要进一步培训，会有导师带领大家学习、训练，并进行实操，具体的技能和操作在培训中都能掌握。

李想认为入职培训是非常详细的，从基础知识学习到简单实操任务，再到具体项目实践，整个过程中导师都会耐心解答疑问。通过这样的培训，他学到了很多东西，对工作有很大的帮助。

当被问及在微电子领域职业生涯中遇到的最大挑战时，他表示，在培训和工作中，难免会遇到一些个人难以处理的问题，他会及时与同事讨论，或者请教导师。

总的来说，李想认为，虽然在工作中会遇到各种挑战，但通过系统的培训和随时与他人的沟通交流，问题都能够得到有效解决。

至善至美，百折不挠

李想在接受采访时提到，除了专业知识和技能，胜任此岗位工作还应具备以下综合能力和素养：

首先，要有良好的沟通能力和团队合作能力。他表示，在工作中经常会遇到各种问题和困难，团队成员之间要保持良好的沟通，通过交流与讨论共同来寻找解决方案。良好的团队意识和协作精神是非常重要的。

其次，具备时间管理能力和工作计划能力。他认为，能够合理安排时间，制订详细的工作计划，对于提高工作效率、确保任务按时完成非常重要。

此外，他还提到了此岗位对英语水平的要求。他认为，虽然日常工作中使用英语的机会并不多，通过四六级考试即可满足日常需求，但仍建议大家要重视学校开设的专业英语课程，因为这对于阅读相关论文和资料很有帮助，有利于提高工作效率。

在访谈中，李想还表示，参加各种学科竞赛不仅可以帮助学生快速学习新知识，提高解决问题的能力，还能培养他们在短时间内高效学习的能力。这些能力对学生的学习和工作都会有很大帮助。

谈到学校的课程设置，李想认为，学校的专业课程内容非常丰富，涉及面十分广泛，能够帮助学生打下坚实的专业基础。但他也建议，学校可以适当增加一些实验课程，让学生能够将理论知识运用到实际操作中，培养他们的动手能力。

万仞高峰，始于点滴积累

作为一名工作多年的学长，李想给学弟学妹们提供了一些宝贵建议。他强调，在校期间要养成良好的学习习惯，注重基础课程的学习，以老师的授课为主，遇到不懂的问题要及时与老师和同学交流探讨，只有坚持学习，才能打下扎实的专业基础。

同时，他指出，即便工作后，大家也要保持持续学习的心态，时刻保持好奇心和求知欲，主动学习新的知识技能，跟上时代发展的步伐；只有坚持学习，不断充电，才能在工作中发展得更好，在竞争中脱颖而出。他希望学弟学妹们能牢记这些建议，在校期间奠定良好的学习基础，为未来的职业发展做好充分的准备。

（撰稿：2022 级 刘炳榕）

周尔达
在磨砺中遇见更优秀的自己

> 周尔达，西安电子科技大学电子工程学院 2019 级校友，目前在中国科学院上海微系统与信息技术研究所读研。

追梦途长亦艰辛，笃行不息志更坚

在采访中，周尔达分享了他的成长经历："追梦途长亦艰辛，但笃行不息志更坚。"他深知，电子工程领域的知识深奥且日新月异，唯有不断学习、持续实践，才能跟上时代的步伐。大学期间，他积极参与各类设计竞赛和实验室项目，通过实际操作提升自己的实践能力和创新能力。他的努力不仅获得了老师和同学们的认可，更为他未来的职业生涯打下了坚实的基础。

汇智育才志有略，砥砺创"芯"途有标

"汇智育才志有略，砥砺创'芯'途有标。"周尔达在采访中这样描述自己的科研态度。他强调，科研工作不仅需要扎实的理论基础，更需要不断实践与创新。他鼓励学弟学妹们要有清晰的自我定位，明确目标，并

在科研道路上不断努力。

在中国科学院上海微系统与信息技术研究所科研工作期间，周尔达深入了解了微电子领域的最新研究成果和发展趋势。他认识到，尽管我国在某些领域取得了显著进步，但与国际先进水平相比，仍存在一定差距。这种认识激发了他更加努力的决心，他希望通过自己的不懈努力，能为缩小这一差距作出贡献。

殷殷嘱托引航程，经验分享赋"芯"能

周尔达深知，个人的成长离不开前辈的指导和帮助。他积极与师兄师姐及学长交流学术，从他们的经验和见解中获得了很多启发。他建议学弟学妹们在大学期间不仅要重视课程学习，更要积极参与科研项目和各类竞赛，通过实践提升自己的综合能力。

他强调，学生在大学期间，要学会设定合理的学习目标，监控学习进度，并根据反馈及时调整学习策略，这能帮助他们有效地学习和适应新的研究领域。

"在磨砺中遇见更优秀的自己。"周尔达在采访中这样总结自己的成长经历。他的经历不仅是个人成长的写照，更是对后来者的启示和激励。他希望学弟学妹们能够秉承西安电子科技大学"厚德、求真、砺学、笃行"的校训，不断追求卓越，勇于创新，在未来的科研和职业生涯中，为国家和社会贡献自己的力量。

周尔达的经历和建议，为即将进入研究所深造的学生提供了宝贵的经验和指导。他的故事，如追梦路上的灯塔，将指引西电学子不断前行，不断超越自我，最终实现自己的梦想。

（撰稿：2021 级 张耀心）

许慎愉
筑牢根基，勇敢跨越

许慎愉，西安电子科技大学校友，就职于上海为旌科技有限公司。

知识奠基：筑牢根基

许慎愉强调了本科课程对胜任软件工程师岗位的重要性，这引起了我们的重视。本科阶段的课程，如 C 语言等计算机类课程，是软件工程师工作的入门基石。这些课程培养了学生编程的基本逻辑和方法，为其后续深入学习和实际开发工作打下了基础。然而，我们仅仅掌握课堂知识是远远不够的，还需要将理论应用于实践，通过实际项目锻炼自己的编程能力和解决问题的能力。

大学物理、模拟电路等课程看似与软件开发关联不大，但实际上锻炼了学生的逻辑思维和分析能力，有助于我们在复杂的软件问题中找到解决方案。

大学生应重视每一门课程的学习，不仅要追求高分，更要深入理解知识的内涵和应用，积极参加各类学科竞赛和实践项目，将所学知识融会贯通，不断提升自己的综合素质和专业能力。

行业洞察：精准定位

许慎愉对半导体领域和互联网行业的差异进行了分析，为大家提供了清晰的职业方向指引。

在代码方面，互联网行业更注重可读性，而半导体领域则强调效率。这意味着我们在选择职业时，需要根据自身的特点和兴趣，明确自己更适合哪种模式。若倾向于追求代码的规范和清晰表达，互联网行业可能更适合；若对性能优化和底层技术有浓厚兴趣，半导体领域或许是更好的选择。

在能力要求上，半导体领域侧重单个模块的精准实现，互联网行业则更看重系统架构能力。我们应该在学习过程中有针对性地培养相应能力，为未来就业做好充分准备。

同时，了解软件生命周期的差异也能帮助我们更好地规划职业发展路径。半导体领域相对稳定，而互联网行业竞争激烈。我们需结合自身抗压能力和职业追求，作出明智的选择。

转型之路：勇敢跨越

许慎愉在访谈中提到了从硬件转向软件所面临的挑战，这对于大学生的未来规划具有重要启示。转型并非一蹴而就，需要勇气、决心和持续的努力。

硬件与软件虽然同属科技领域，但两者的知识体系和技能要求存在显著差异。从硬件转向软件，意味着要重新适应新的技术架构和工作模式。这不仅需要我们重新学习编程语言、算法等基础知识，还需要我们转变思维方式，从硬件的逻辑思维转向软件的开发思维。

同时，由于新的技术和框架层出不穷，市场对软件人才的需求也在不断变化。因此，在转型过程中，我们要紧跟行业动态，不断更新自己的知识储备，提升自己的竞争力。大学生如果考虑未来职业转型，就要提前做好规划，利用课余时间学习目标领域的知识，并积极参加相关的实践项目，积累经验。

此外，我们要做好充分的心理准备，面对挫折和困难不气馁，保持坚定的信念和积极的心态，相信自己只要付出努力，就一定能够成功转型。

（撰稿：2022 级 赵浩竣）

冯晓林
定制个人专属"发展策略"

> 冯晓林，模拟 IC 设计领域的佼佼者。本次访谈中，作为比亚迪公司的资深校友，她向我们分享了在比亚迪的工作经历、学习心得以及对职业发展的独到见解。

冯晓林学姐详细介绍了自己在比亚迪从事的模拟 IC 设计工作，IC 设计作为比亚迪公司的核心技术之一，涵盖了从基础模块设计到系统级设计广泛的内容。她特别强调了毕查德·拉扎维的《模拟 CMOS 集成电路设计》一书对自己的深远影响，指出该书中的理论知识是设计工作的基础和不可或缺的支撑。

冯晓林学姐强调了理论知识与实践经验相结合的重要性。她提到，在实际工作中，大学期间学到的理论知识得到了广泛应用，甚至一些未曾涉及的知识点也会在项目中遇到。因此，她鼓励大家不仅要扎实掌握课本知识，更要积极参与实验和实践活动，以提升解决实际问题的能力。

对大学期间的课程设置，冯晓林学姐给予了高度评价。她认为，每一门课程都有其独特的价值，这些课程的内容在后续工作中往往能够相互关联，形成完整的知识体系。她特别强调了数学基础和半导体物理等课程的重要性，认为这些课程对于理解和分析电路问题至关重要。

此外，冯晓林学姐还特别提到了实验课对理解理论知识的重要性。她认为，实验课不仅能够加深学生对理论知识的理解和掌握，还能够培养大家的动手能力和解决问题的能力。她鼓励我们要珍惜这些实践机会，努力提升自己的实践能力。

冯晓林学姐还分享了自己在大学期间的学习经历。她强调，大学时光是宝贵的，我们应该珍惜每一分、每一秒，认真学好每一门课程。她还提到，自己在工作中遇到的很多问题，都能够从大学期间的课程中找到答案或启示。因此，她鼓励大家要保持学习的热情和好奇心，不断探索未知的领域。

通过本次访谈，我们深入了解了冯晓林学姐在模拟 IC 设计领域的工作经历和学习心得。她的分享不仅为我们揭示了该领域的核心技术和挑战，更为我们提供了宝贵的学习经验和职业规划建议。我们相信，在冯晓林学姐的引领下，将有更多的年轻人投身于模拟 IC 设计领域，为推动我国半导体行业的发展贡献自己的力量。

（撰稿：2022 级 张瑞）

张健鑫

提升自驱力，投身"芯"事业

张健鑫，西安电子科技大学电子工程学院 2004 级校友，电磁场与微波技术专业硕士研究生，目前是博瑞集信（西安）电子科技股份有限公司的研发部门经理兼党支部副书记。

本次访谈我们特别邀请了博瑞集信的张健鑫学长。在访谈中，他就公司研发工作的聚焦点、岗位设置与职责、职业发展路径，以及公司对西电学子的发展建议等方面与我们进行了深入交流。

张健鑫学长详细介绍了博瑞集信研发工作的两大核心聚焦点：新产品研制和新技术开发。公司专注于特种通信设备领域，致力于提供高性能芯片，特别是在射频模拟及化合物相关芯片设计方面取得了显著成就。这一战略定位不仅彰显了公司的技术实力，也体现了其在行业中的领先地位。

目前，博瑞集信招聘的岗位主要包括芯片设计工程师和硬件工程师。这些岗位的具体职责涵盖了芯片设计、系统测试和产品优化等多个环节。工程师们不仅需要具备扎实的专业知识和技能，还需要具备良好的团队协作能力和创新意识，以应对复杂多变的研发挑战。

在谈到专业知识与技能需求时，张健鑫学长强调了掌握节能监控、微电子科学以及电磁场与微波技术等领域知识的重要性。他特别指出，这些专业知识与公司的研发方向高度契合，是工程师们不可或缺的基石；此外，动手能力、沟通能力和团队协作精神等软技能也是公司选拔人才的重要标准。

博瑞集信为员工规划了清晰的职业发展路径，从初级工程师到高级工程师，再到技术经理、技术专家，甚至有机会向管理线转型。这一路径为员工提供了广阔的晋升空间，激励他们不断追求自我提升和职业发展。

对于大家未来的发展，张健鑫学长提出了三点建议：一是强调工作责任心的重要性，他认为只有具备高度的责任心才能胜任重要任务；二是鼓励大家培养自驱力，不断学习提升自己，以适应行业的快速发展；三是建议大家对自己的职业生涯要有清晰的规划，明确目标并为之努力。

通过本次访谈，我们深入了解了博瑞集信在研发工作、岗位设置、职业发展路径，以及对西电学子的发展建议等方面的情况。张健鑫学长的分享不仅为我们揭示了博瑞集信内部的运作机制和人才培养体系，也为我们提供了宝贵的行业分析和职业规划建议。我们期待更多西电学子能够在博瑞集信这样的沃土上茁壮成长，为芯片事业的发展贡献自己的力量。

（撰稿：2022 级 陈正阳）

田晓坤
薪火相承，吃苦耐劳

　　田晓坤，就职于西安华芯微半导体有限公司，担任模拟 IC 设计工程师职务。

　　本次访谈有幸邀请到了就职于华芯微的优秀校友田晓坤，我们就模拟 IC 设计工程师的工作内容、所需专业知识与技能，以及学校课程对工作的帮助、工作中应具备的综合能力与素养等方面进行了深入探讨。

　　田晓坤指出，模拟 IC 设计工程师的主要工作内容广泛且精深，主要包括掌握电路拓扑结构、熟悉半导体工艺和器件模型、运用仿真软件进行电路仿真、指导版图工程师以确保版图质量，以及协助市场人员并联合工程师解决用户问题，提供技术支持。这些工作不仅要求模拟 IC 设计工程师技术精湛，还需具备高度的责任心和团队协作精神。

　　在谈及模拟 IC 设计所需的专业知识和技能时，田晓坤强调了半导体器件和模拟电路知识的重要性，特别是对非理想效应的理解和应对能力。同时，他也指出数字电路知识同样不可或缺，因为很多模拟芯片需要数字模块辅助实现功能。此外，熟练使用仿真软件也是必不可少的技能，这对于提升设计效率和准确性具有重要意义。

田晓坤对学校的课程设置给予了高度评价。他认为半导体物理、半导体器件物理、模拟电路与数字电路等课程为模拟 IC 设计工程师的工作打下了坚实的基础；实践课程（如版图设计实践）对于提升职场适应能力也起到了重要作用，这些课程不仅丰富了学生的理论知识，更培养了他们的动手能力和解决问题的能力。同时，他对学校当前的课程设置也提出了一些微调建议，希望能够更好地满足行业发展和学生需求。

田晓坤认为，模拟 IC 设计工程师在工作中，除了具备专业知识和技能，还需要具备独立理解和思考的能力，以便更好地推进项目；同时，在项目时间紧迫时，良好的解决问题能力和抗压能力也是必不可少的。此外，他还强调了团队协作能力的重要性，指出只有团队成员相互配合、共同努力，才能取得更好的工作成果。

田晓坤强调，在华芯微工作的校友工作中普遍表现出吃苦耐劳的精神和开放的思想，这是职场成功的重要因素之一；同时，校友们还具备较强的团队协作意识和创新意识，这有助于他们在工作中取得更好的成绩。

通过本次访谈，我们深入了解了模拟 IC 设计工程师的工作内容、专业知识和技能，以及工作中应具备的综合能力与素养。田晓坤校友的分享不仅为我们提供了宝贵的行业经验和建议，还激励我们不断追求进步和创新。他鼓励我们要珍惜在校时光，努力学习专业知识和技能，为未来的职业发展打下坚实的基础。我们相信在不久的将来，会有更多像田晓坤校友一样优秀的毕业生涌现出来，为半导体行业的发展贡献自己的力量。

（撰稿：2022 级 张瑞 陈正阳）

王　涛

专注于此时、此地、此事、此身

王涛，西安电子科技大学微电子学院集成电路工程专业 2019 级硕士研究生，毕业后进入芯原微电子（成都）股份有限公司工作，目前负责 ZSP 测试集的维护和更新。

企业文化：用细节搭建"芯家"

在芯原的办公区，有一面长长的照片墙，记录着宠物节、萌娃节、秋运会、芯原春晚等一系列芯原举办过的精彩活动。员工们使用着宽敞的弧形办公桌，桌上摆放着五颜六色的个性化小物件，整个办公区洋溢着轻松的气氛。"企业文化是怎样的？价值观是怎样的？如果只是口头上说出来，其实是没有什么说服力的。"王涛校友说到这里时，脸上流露出温和的微笑，"但如果在这里工作久了，就会从很多小细节上感受到这种所谓的'芯家'的感觉。"据王涛所说，芯原非常重视员工，HR 也投入了大量时间、精力和资金来打造"芯家"这样的企业文化。对王涛校友而言，这里或许真的就像是另一个新家。

职业选择：找到属于自己的立足点

自美国对中国实施科技封锁政策以来，国内 IC 行业受到了刺激，迅猛发展。时至今日，西电集成电路研究方向毕业的研究生有了更加丰富的职业选择。每个时期，IC 行业总会涌现一两个热点方向，近些年，GPU 或许就是其中相对热门的一个。越热门的方向竞争自然越激烈，对此，王涛认为："虽然我们都可以往热点方向发展，去争取更好的前途、更广的前景和更丰厚的薪资待遇，但在一个适合自己的领域深耕下去，一样能过得充实且快乐。"访谈中，他引用了儿歌"在小小的花园里面挖呀挖呀挖，种小小的种子，开小小的花"，话语间透露着对这种自得其乐状态的向往。他最后总结道："能在这个社会中找到自己的立足点就挺好。"这不仅仅是一句简单的宽慰，更是一种与自己和解的智慧。

简简单单的寄语：好好学习，重视每一门专业课

当被问及"您认为大学期间哪些专业课比较重要"时，王涛略显无奈地笑了笑，答道："我认为所有的专业课都很重要。"王涛承认，他在本科期间学到的许多专业课知识现在确实用得不多，但从学习到工作本就是一个逐步专精的过程。"数字 IC 只是我们微电子学院毕业生可以选择的一个方向，可能是几百个方向之一。"他说道，"学习就像打地基，本科生正处在打地基的阶段，不能一开始就把路走得很窄，否则就限制了自己未来的发展空间，在学习过程中也很容易'只知其一，不知其二'。"

访谈的最后，王涛叮嘱本科阶段的学弟学妹们："关注当下，好好学习，不要宅在宿舍打游戏，要多去图书馆。进入职场后你们会发现，芯原也只是一个很小的舞台，迎接你们的是更加广阔的天地。"

（撰稿：2022 级 刘嘉楷）

李金宝
敢闯敢为，坚守初衷

李金宝，西安电子科技大学 2023 级硕士研究生，现于芯原微电子（成都）股份有限公司担任 SoC Design 工程师，致力于前端设计和 IP 集成。

敢闯敢为，坚守初衷

2020 年，李金宝进入西安电子科技大学微电子学院学习。在模拟设计领域钻研几年后，他获得了来自成都芯原的 offer，加入了芯原这个大家庭，主要负责模拟芯片的设计。通过这份工作，他了解到了芯片设计行业的最新动态，也意识到了国内外 IC 设计行业的差异。在公司，他主要负责系统级芯片的设计与开发，需要分析系统需求，根据功能要求进行电路设计和 IP 集成。他提到，在大学可以从理论课程中学到一些与工作相关的知识，例如 Verilog 语言、CDC、加法器与减法器，这些知识对于未来的工作而言是必要的基础。当然，他也强调，我们不仅要学习大学的理论知识，还要在 IC 领域不断拓宽自己的视野。

破旧思新，筑牢"芯"基

在谈话中，李金宝提到工作中要勇于打破固有思维，书本上的知识只是一些参考，在实验中不一定要完全照本宣科，也可以融入自己的思考，比如填入简单电路，画一些波形图和真值表，想一想怎么去简化电路以实现逻辑功能，这是需要创新性思维与批判性思维的。同时，他还强调团队合作的重要性。他说："当然，我们还要有团队合作意识，一个项目的完成不是靠一个人，而是大家团结协作分工完成的，整个过程需要我们具备良好的沟通能力和团队协作精神。"

创新探路，"芯"梦终成

在交谈中，李金宝多次提到一定要夯实基础。他说："基础知识很重要，资历越深的工程师，往往基础知识越扎实。"对于想进入 IC 设计领域的本科生，他建议大一大二要认真学习基础知识，之后可以根据自己的兴趣选定研究方向。在课程方面，他强调要注重模电、数电的基本电路原理，同时也要学好与信号相关的课程。他还分享了自己的亲身感受："集成电路研究需要一些理论知识作为支撑。"

"读万卷书，行万里路。"李金宝还鼓励同学们要多参与一些项目实践，在项目中去寻找学习的方向，选择更多专业化的课程，如数字信号处理、通信原理等。

"不积跬步，无以至千里。"李金宝始终认为学无止境，要想深耕某一领域，就要经受长期的磨炼。对于学生的未来选择，李金宝表达了他的看法："好好学习，打好理论基础，为未来的工作打好地基。因为大学的课程与工作内容有出入，所以大家也要有针对性地去学习自己感兴趣的领域。"

在交谈中，李金宝还提到个人兴趣和特长的重要性，不论是专业选择，还是以后的工作选择，这两点都至关重要。

在交谈的最后，李金宝再次表达了对高端模拟芯片事业坚定的信念。他坚信，只要有更多的人参与进来，再难的事也会慢慢成功，再远的梦想也终将实现。

（撰稿：2022 级 曹焱禹）

齐 墙
注重综合素质的培养

齐墙，2020 级西电-振芯校企联培硕士研究生，毕业后继续在振芯工作，目前负责高负载 LDO 方面的工作。

研究方向选择——允许自己试错

目前，国内外专注于纯数字领域，尤其是做 GPU 研发的企业规模普遍较大，其中英伟达公司的市值更是一度超越微软和苹果，问鼎全球。但近两年来，数字领域开始显现出人才饱和的趋势。"按照行业发展的普遍规律来看，现在这么多的 GPU 企业，最后大浪淘沙，能够脱颖而出的可能只是几家头部的大企业。"齐墙说道，"每个行业都有其周期性，我们能否赶上行业发展的黄金期，这是很难准确预判的。"

在访谈中，齐墙坦言，自己在本科阶段对后来的发展方向并没有一个足够清晰的规划。"我曾经想过从事数字领域的工作，但在接触之后才发现有困难，后来在工作机遇的推动下，转向了模拟领域。"他笑道，"其实，大部分人和我一样，不知道自己十年后会从事什么工作，被推到某个方向之后，可能才发现并不适合自己，那这就是一个试错的过程。我们要允许这样的事情发生。"

全日制与非全日制研究生之异同
——理论深耕 VS 实践导向

校企联培有别于普通全日制学习，是一种偏工程实践的研究生培养方式，一般包括一年在校学习和两年在企实习两个阶段。

"很多时候，书上的理论与仿真结果的差异真的非常大。这并不是说书上错了，而是实际应用中需要考虑的因素要比理论复杂得多。"齐墙说道。根据他的经验，有些注重工程实践的人可能会忽略书本理论，只看仿真结果，这固然对特定电路的研究有益，但也会使其在面对全新的电路时感到一头雾水。相比之下，理论型人才在处理各种问题时可能会做得更加全面一些。

在访谈中，齐墙多次强调，要理论与实践并重。他讲道："对于走校企联培的同学而言，企业不会像学校那样强制要求提交作业，那么很多理论知识就要自己去学。我们只有在理论上深入理解了器件，才能在具体电路中分析器件的功能。无论选择哪种培养路径，理论与实践相结合始终是解决问题的最佳手段。"

给同学们的建议
——培养综合素质，缩小信息差

在访谈中，齐墙校友表示非常认可学校举办"集成电路强国行"这样的活动，他笑道："我觉得你们的意识很好，我们当时都不知道有没有这种活动。"齐墙校友建议同学们在学好专业课的同时，也应该多关注学校组织的各种活动，积极参与学科竞赛，同时重视学校开设的实验课程，总的来说，就是要注重综合素质的培养。

笔者揣测，齐墙校友口中的"意识"，大概是指自行收集信息的意识。大学与高中不同，许多信息都需要学生自己有意识地收集。有一部分同学欠缺这种主动收集信息的意识，于是就形成了信息差。此次"集成电路强国行"主题实践活动于同学们而言，正是一次缩小信息差的好机会。

（撰稿：2022 级 刘嘉楷）

李 镖
做模拟芯片设计的"筑梦人"

李镖，西安电子科技大学电子工程学院 2022 级校友，现就职于重庆西南集成电路设计有限责任公司，从事模拟集成电路设计工作，主要专注于锁相环（PLL）的设计。

成长轨迹：脚踏实地，精益求精

从大学时代起，李镖便对电子技术抱有浓厚的兴趣，并选定电子工程专业作为自己的学习发展方向。他深知集成电路设计领域的重要性，立志为中国芯片产业的发展贡献自己的力量。毕业后，他毅然加入了西南集成科技有限公司，开始了模拟芯片设计之路。

专业素养：厚积薄发，精雕细琢

李镖谈到，扎实的理论基础是从事芯片设计工作的基石。他强调模电、半导体物理和模拟集成电路这三门课程的重要性，并建议学弟学妹们在学习过程中要深入理解并掌握基础知识。他还提到，在实际工作中需要掌握Cadence 等仿真工具，并积累丰富的实践经验。他坦言，很多知识与技巧需要在工作中不断学习和积累，只有通过实际项目的锻炼才能真正掌握。

挑战与机遇：迎难而上，精益求精

李镖指出，芯片设计是一个充满挑战的领域，需要不断面对新的问题和难题。他以自己设计电路的经历为例，讲述了在设计、测试和分析过程中遇到的挑战。他强调，当设计出现问题时，需要仔细分析原因，并寻找解决方案。

行业洞察：经验至上，挑战与机遇并存

李镖认为，芯片设计需要大量的经验积累，在遇到问题时，需要通过分析数据找出设计缺陷，并找到解决方案。他强调，集成电路设计工作需要具备良好的分析问题和解决问题的能力。同时，他也提到借助专业机构进行芯片分析的重要性，可以更深入地理解芯片设计过程中面临的问题，他还分享了团队在遇到设计难题时，借助专业机构进行芯片分析，最终找到解决方案的案例。

西电精神：踏实肯干，不骄不躁

李镖对西电有着深厚的感情。他认为西电学子普遍比较踏实，不浮躁，这与西电的校风和教学理念密不可分。他鼓励学弟学妹们继续保持这种优秀品质，不断学习和进步，为中国芯片产业的发展贡献力量。

展望未来：矢志不渝，筑梦未来

李镖对中国芯片产业的发展充满了信心。他认为，随着人工智能、物联网等新兴技术的快速发展，芯片需求将会持续增长。他希望更多的人能够投身于芯片产业，共同努力，一起推动中国芯片产业的快速发展。

这次访谈让我们对集成电路设计工作有了更深入的了解，也认识到实际工作与理论学习之间的差别。李镖学长的分享，让我们对未来的学习和职业发展充满了信心，并坚定了投身芯片产业，为中国芯片事业贡献力量的决心。

（撰稿：2022 级 石韩斌）

罗新雨
坚定信念，勇毅前行

罗新雨，西安电子科技大学物理与光电工程学院校友，本科毕业生，现就职于重庆中科芯亿达电子有限公司。

成长轨迹：扎根重庆，跨行入"芯"

重庆是一座宜居的城市。这里滚滚长江东流水，高楼林立；这里峰回路转，山水相依；这里"行千里、致广大"，包容、友善、热情，体现了其独特的历史传统和人文气质。

大多数学生都梦想毕业后前往北上广深等一线城市发展生活。诗与远方始终是人们心中的向往。

事实上，罗学长也是机缘巧合之下，在重庆跨行进入了芯片设计行业。在 2021 年前芯片设计热潮尚未兴起时，他便扎根于芯片设计行业。在那个时候，芯片行业的薪资远不能与互联网行业相提并论。其实，罗学长最开始也准备加入互联网大军，还学习了 Java 等编程语言。然而，正所谓造化弄人，他竟阴差阳错地加入了芯片设计行业，甚至是公认更具挑战性的模拟 IC 设计领域。

职场启示：指点迷津，勇敢前行

未来的就业问题往往是大学生迷茫和焦虑的主要因素。然而在重庆，从罗学长身上，我们看到了一种新的人生选择。

在校学生对工作岗位往往抱有许多美好的幻想和未知的恐惧，不知道自己哪些专业技能在工作中能够派上用场，不知道自己的能力是否达到了胜任工作的标准，更不知道自己能否找到心仪的工作。

实际上，企业招聘更多是筛选"苗子"，工作技能通常是在入职后通过实践慢慢获得的。我们集成电路学部的学生普遍存在学历焦虑，认为本科生没有任何市场竞争力。然而，重庆这类城市对校招员工的要求相对一线城市要低一些，毕竟薪资水平也与之匹配。西电作为全国首批九所示范性微电子学院建设单位之一，还是相当有竞争力的。

此外，罗学长还细心回答了大家关于"性格是否影响工作"的问题：内向和外向是人的不同性格表现，但职场中人还是更倾向于与外向的伙伴合作。罗学长指出："其实很多人都会莫名地害怕——害怕被提问，害怕让导师、学长知道自己'不懂''不会'。但其实，每个人都是这么过来的，老师会很乐意为同学们答疑解惑；另外，在面试过程中，大家要主动抛出话题，让面试官知道你擅长什么。"

在访谈过程中，罗学长展现了他成熟而迷人的一面。他稳重的谈吐令我们向往，亲切的态度又让我们感到非常亲近。

罗学长看向我们时，就像我们看向在学校参观的中学生们一样。暑期实践过程中，在企业食堂就餐时，我们总能吸引周围工作人员的目光。他们看向我们，或许也满怀向往，心中充满了无限回忆？正如我们也曾羡慕高中生的无限可能，但作为大学生，我们自己也正处于人生中最为精彩飞扬的阶段。

在采访的最后，罗学长充分表达了对我们的期望。他说："发展中国'芯'是我们国家目前切实面临的关键问题，不能仅仅停留在口号层面。作为西电学子，作为新时代的'芯'青年，我们应当投身于这伟大的事业中，努力闯出一番天地。"

（撰稿：2021 级 唐忠濠）

丹 东
稳健坚毅，坚韧不拔

丹东，西安电子科技大学微电子学院 2017 届校友，微电子科学与工程专业本科生，毕业后曾在某国企负责电源开发工作，之后进入英诺赛科公司担任产品应用工程师，专攻第三代半导体芯片技术研发。

不忘初心，致力研发

2013 年，丹东进入西安电子科技大学微电子学院学习。那时，半导体行业在国内还未受到重视，国内公司与国外公司相比，整体发展水平存在明显差距，与国际前沿技术也有不小的距离。在某国企电源开发领域钻研几年后，心系半导体的丹东最终还是选择遵从内心的想法，辞去这份工作，进入了英诺赛科公司。在英诺赛科公司工作的多年里，丹东主要负责电路设计与应用。通过这份工作，他了解到了芯片设计行业的最新动态，也意识到国内外半导体技术的差异。工作上的所见所思激励着他，进入英诺赛科半导体公司，意味着他的梦想已正式起航。英诺赛科公司专攻第三代半导体芯片的研发，这与丹东追求领先的做事风格不谋而合。他说："虽然我们现在还处于发展的初期，但是随着技术的进步，未来一定是第三代乃至第四代半导体芯片的天下，这也是我们一直致力于新型半导体研发的原因。"

稳健坚毅，坚韧不拔

丹东深知国内某些领域的技术还处于瓶颈期，但他始终怀抱信心和希望。凭借过去多年在电路设计领域的经验，他渴望与志同道合的伙伴们一同开拓属于自己的道路。每当回想起在电路设计领域遇到的种种挑战和困难时，他的心中总是涌现出一股不服输的决心。他明白，要想在这个领域取得突破，需要的不仅仅是过硬的技术实力，还有坚定的信念和不屈不挠的毅力。

每当夜深人静时，丹东总是坐在书桌前，沉浸在图纸设计和技术文献阅读中。他知道，要想在这个领域取得突破，必须付出更多的努力和时间，而每一次的进步都让他感到无比的满足和自豪。在这个充满挑战的领域里，他坚信定能迎来属于自己的辉煌时刻。

积微成著，梅花香自苦寒来

"纸上得来终觉浅，绝知此事要躬行。"在强调要掌握基础知识的同时，丹东也鼓励同学们不要局限于书本上的条条框框，要大胆实践。

对于学生的未来选择，丹东表达了他的看法："在半导体行业，当前许多岗位仍存在大量需求，尤其是新型半导体的发展，更带动了我国对半导体领域专业人才的需求。"丹东认为，研究生如果有机会去国外深造或者进入国外一流公司积累经验，那将是一个不错的选择。但同时，丹东也鼓励他们留在国内，为我国半导体与芯片设计行业的发展贡献力量。在半导体及芯片设计行业，丹东认为，从设计到生产，每一步都环环相扣，离不开每一位技术人员的辛勤付出。

最后，丹东满怀期待地表示，希望有更多志同道合的人加入半导体与芯片设计领域，共同推动技术的革新与发展，为社会的进步贡献力量。他坚信，我国的半导体领域必将蓬勃发展，引领全球。

（撰稿：2022 级 刘博扬）

刘 康
筑牢根基，奋勇前行

刘康，西安电子科技大学校友。在校期间，他打下了扎实的理论基础，培养了解决实际问题的能力。进入企业后，他深耕数字设计领域多年，在数字设计领域展现出了卓越的专业能力和创新精神，现担任极海微电子股份有限公司的数字IC设计工程师。

成长轨迹：耕耘十载，笃行不息

在数字IC设计的征途上，刘康和他的团队面临诸多挑战，例如客户需求常常突变，迫使他们不得不将精心构建的设计蓝图推翻重来。尽管如此，但刘康深知，真正的设计艺术不仅仅依赖于对工具的熟练运用，还在于能够驾驭那些高级EDA软件的强大功能，将其转化为实现创意与满足需求的利器。借助这些工具，设计流程的反复不再是障碍，而变成了可以精准掌控的环节。从概念到验证，每一步都严谨而高效，确保了设计的高质量完成和项目的顺利推进。然而，即便有了这些现代技术的支持，刘康也从未忽视人脑的创造力与直觉的重要性。他明白，真正的突破往往来自对细节的深刻洞察和对未知领域的勇敢探索。因此，无论面对客户需求多变的压力，还是依托 EDA 工具的助力，刘康始终坚持以人为本，以技术为翼，带领团队在数字 IC 设计领域持续创新，不断超越。

创新精神：坚守核心，毅力不懈

在电路设计的棋盘上，每一步都需谨慎考量，因为在这个充满创新的领域，许多想法可能已被先行者申请为专利，形成难以突破的堡垒。刘康和他的团队深知这一点，他们在设计电路的战略布局时，不仅要巧妙规避那些专利陷阱，更要精心筑起自己的专利防线，保护好团队的创新成果。他深知，每一项创新都是团队成员心血的凝结，是他们在激烈市场竞争中的独特武器。在必要时，他们会迅速采取行动，将这些创新成果申请为专利，筑起坚固的法律屏障，守护团队的智力资产不受侵犯。在技术突破和知识产权保护的双重挑战下，刘康常说："在电路设计中，有的想法可能已经成为别人的专利，我们要设法绕开这些专利，同时保护好自己的专利。"

行业建议：深耕项目，锐意进取

在知识的海洋中，刘康选择了一条不同寻常的学习路径——以项目为舟，以实践为桨，他扬帆起航，驶向未知的知识彼岸。他深信，真正的知识不仅仅存在于书本的字里行间，更蕴藏在解决实际问题的过程中。因此，他将每一次的项目挑战都视为一次学习的机会，一次成长的契机。刘康的学习方法是一种高效的"问题驱动式学习法"。他针对每一个具体的问题，去寻找最合适的解决方案。这种方法使他能够在实践中快速吸收新的知识，同时也让他的知识体系更加贴近实际应用。通过这种方式，刘康不仅在项目中积累了宝贵的实践经验，也让自己的知识结构更加丰富和立体。

　　谈及行业，刘康说："半导体行业的竞争，更多地体现在行业之间的较量。这是一场关乎技术创新、产品性能、成本控制以及市场响应速度的全方位竞赛。这一领域宛如一片未被完全开垦的沃土，正等待着我们这样的青年去耕耘与播种。"刘康深知，虽然行业内部的竞争尚未达到白热化的程度，但在这片广袤的天地间，每个人都需要具备一技之长，才能在这场无声的较量中立于不败之地。

（撰稿：2021 级 穆志星）

邵要华
持续学习，精耕细作

邵要华，西安电子科技大学 2004 级校友。在研究生阶段，他攻读射频方向，跟随导师从事滤波器的研究。在校期间，他不仅打下了扎实的理论基础，还通过参与各类实践项目，培养了解决实际问题的能力。进入企业后，他深耕模拟设计领域多年，现担任珠海一微半导体股份有限公司模拟 IC 设计工程师。

工作历程：潜心钻研，深耕一隅

模拟 IC 设计是一项对精确度和细节要求极高的工作，同时还需要不断创新以适应快速变化的市场需求和技术标准。据邵要华回忆，在最开始工作时，他从事的是振荡器的设计，后来逐渐扩展到时钟、GPIO 等多个领域的模拟设计。在这些工作中，他始终坚持深入研究、稳扎稳打，不断优化设计流程，并通过实践积累了丰富的经验。深耕多年，他终于成了一名能够独当一面的工程师。

工作态度：细心谨慎，重担在肩

在半导体领域，模拟 IC 设计工程师的职责举足轻重，邵要华说道："模拟电路设计不仅是一项技术性极强的工作，更是一项责任重大的任务。在设计过程中，每一个细节、每一个参数都需要设计师亲力亲为，严格把控。任何一个小小的疏忽，都可能导致整个系统的性能不达标，甚至出现严重故障。"在产品开发的漫长过程中，模拟 IC 设计工程师需要与多个部门紧密合作，并接受不同部门的严格验证，一旦出现问题，最终都需要设计工程师来分析原因，提出解决方案。这要求工程师具备高度的专业素养与严谨细致的工作态度。邵要华表示，模拟电路设计这个行业，不仅需要扎实的专业知识和丰富的实践经验，更需要一颗对技术精益求精、对质量一丝不苟的心。只有保持细心谨慎的工作态度，不断优化设计，才能提升产品的性能和可靠性。

思想启迪：千里之行，始于足下

邵要华说道："做模拟必须认真、细致且谨慎，其中的诸多细节都由模拟工程师一个人把控，而把控的能力源于其经验的积累。经验很重要，工程师只有对自己设计的电路每一个点都深入了解，才能不看仿真结果就知道大概的问题所在。"他的每一步成长和每一项成就，都始于最初的选择和决定，通过不懈努力和持续实践一点一滴积累而来。成功不会轻易到来，需要我们对所从事的领域充满热情，对工作保持专注与细致，对每一个设计环节都追求极致精确和完美。学习与成长是一个永无止境的过程，在快速变化的技术领域，只有不断学习新知识、掌握新技能，才能保持竞争力，不断进步。

在谈话的最后，邵要华分享了他的职业感悟。他认为："作为一名模拟

IC设计工程师，最重要的是持续学习和精耕细作。技术在不断进步，市场需求也在不断变化，我们只有保持好奇心和求知欲，才能跟上时代的步伐。作为一名模拟IC设计工程师，切忌心浮气躁，要深耕一个领域，不断积累经验，多年后才能成为独当一面的专家。频繁的跳槽对职业经验的积累是不利的。"同时，他也强调了团队合作的重要性，在大型项目中，一个人的力量是有限的，只有团队成员之间相互支持、共同努力，才能完成高质量的设计工作。

邵要华校友为我们传递的不仅是经验，更是精神。他的故事和感悟，将激励我们每一个人，无论身处哪个行业，都要保持学习的热情，追求工作的精进，实现个人价值，为推动国家和社会的发展贡献自己的力量。

（撰稿：2022级 宋训安）

任思宇
致力于芯片封装的"开拓者"

任思宇，西安电子科技大学微电子学院 2011 级校友，2015 年本科毕业后，毅然决然回到家乡天水，加入天水华天科技股份有限公司，在芯片封装产业监督岗位上默默耕耘，为家乡芯片产业的发展贡献力量，也为国家芯片封装产业添砖加瓦。在九年的芯片事业征程中，他不断探索前行，积累了宝贵经验，在此次交流中为新一代学子提供了诸多启示。

探索不止，坚守初心

2011 年，任思宇进入西安电子科技大学集成电路设计与集成系统专业学习。当时，半导体行业整体发展态势欠佳，国内企业相较于国外同行，竞争力明显不足。在经过几年专业学习后，任思宇深刻认识到芯片封装领域对我国半导体产业发展的关键意义，从而坚定地投身于芯片封装行业，加入了天水华天科技股份有限公司，主要负责芯片封装产业的监督工作。

在华天科技工作期间，他密切关注行业动态，深入了解了国内外芯片封装行业的发展现状，更清晰地认识到国内企业在该领域的优势与不足。工作中的所见所闻进一步坚定了他的初心，国内芯片封装技术的不断进步使他信心倍增。任思宇"不忘初心、牢记使命"的决心及勇于开拓的精神，与天水华天科技致力于成为芯片封装领域领军企业的愿景高度契合。他坚信："尽管追求国际领先的芯片封装技术面临诸多挑战，道路漫长且技术门槛高，但我们凭借自身优势，定能闯出一条独具特色的发展之路。"

追求卓越，执着坚守

尽管任思宇深知国内芯片封装行业遇到了诸多瓶颈，却始终满怀信心与希望。凭借多年在芯片封装领域积累的丰富经验，他渴望与志同道合的伙伴携手共进，开辟出一条属于中国自己的芯片封装发展道路。

面对国内芯片封装行业现状，任思宇深刻认识到行业在晶圆制造方面的空缺，但他并未因此而气馁，反而坚定地看好芯片封装技术在半导体产业实现"弯道超车"的潜力。他没有被国内半导体行业长期落后的局面所困扰，而是积极寻找行业发展的突破口，不屈不挠地坚守在芯片封装一线，以实际行动诠释着对行业发展的执着信念。

责任在肩，奋进不息

在交谈中，任思宇反复强调扎实基础与创新思维的重要性。他认为："基础知识如同基石，资历越深的工程师，基础知识越扎实。" 对于有意进入半导体领域的本科生，他建议在校前两年专注于知识积累，之后再确定个人发展方向。在课程学习方面，他提到不仅要掌握模拟电路、数字电路的基本电路原理，还应重视信号相关课程的学习。任思宇曾有过物理理论研究经历，他结合自身感受指出："集成电路研究离不开物理知识的支撑。"

此外，他鼓励同学们在夯实基础知识的同时，积极参与项目实践，通过实践探索学习方向，进一步选择如数字信号处理、通信原理等专业化课程。

对于大家毕业后的发展，任思宇给出了独到的见解。他认为，刚毕业就创业在集成电路领域并不现实，因为该行业需要丰富的经验和机遇，建议大家先在企业中锻炼成长。

在公司选择方面，任思宇结合自身经历，给了大家具体建议。他指出，大公司拥有丰富的资源平台，学习体系较为系统，工作稳定性高；但他同时也强调，不能仅仅局限于大公司，创业团队同样具有独特优势。他以自己在大公司的工作经历为例，认为大公司如同大兵团作战，个人发挥空间有限，往往只能充当"螺丝钉"的角色；而在创业公司，员工有更多独立解决问题的机会，可以快速提升个人能力，能够将工作当成事业来经营，成长会更快。

在整个交流过程中，任思宇多次强调创新思维的重要性。他鼓励大家要敏锐洞察行业的发展趋势，找准行业发展的突破点，不拘泥于传统模式，积极探索适合中国芯片产业的创新发展之路。

访谈接近尾声时，任思宇再次坚定地表达了对高端模拟芯片事业的信念。他希望新一代学子能够肩负起时代赋予的使命，为我国芯片产业的发展贡献力量，推动我国在半导体领域不断迈向新的高度。

（撰稿：2022级 辛运 王春松）

刘志鹏
做扎根芯片领域的"实干家"

刘志鹏，西安电子科技大学微电子学院 2016 级校友，2020 年毕业后进入天水七四九电子有限公司从事芯片验证领域的工作。

敢拼敢搏，不断进取

访谈一开始，刘志鹏回顾了他在西安电子科技大学微电子学院的学习经历。他提到，学院不仅提供了先进的教学设施和丰富的学术资源，更重要的是，学院采用的理论与实践相结合的教学模式为他奠定了坚实的理论基础，培养了他强大的实践能力。

随后，刘志鹏谈到了他初入天水七四九电子有限公司时的情形。他坦言，尽管在学校已经积累了专业知识，但在面对工作中的复杂问题时，仍感到了不小的压力，尤其是公司承接的一些项目，对技术的精度和效率都有着极高的要求，这对他的专业能力是一大挑战。

不过，刘志鹏很快调整了心态，积极向同事学习，并主动参加公司内部培训，以提升自己的技术水平。同时，公司良好的工作氛围和团队合作精神也给了他很大的支持，帮助他顺利度过了适应期。

虚心学习，不断突破

随着工作的不断深入，刘志鹏逐渐在项目中发挥了重要作用，参与了多个关键技术的研发和创新。他介绍道，近年来，5G、物联网、人工智能等技术的快速发展，给微电子产业带来了前所未有的发展机遇。他所在的团队紧跟时代步伐，努力研发更高性能、更低功耗的产品，以满足不断变化的市场需求。在此过程中，他不仅在技术上取得了显著的进步，还在项目管理、团队协作等方面得到了全面的锻炼。刘志鹏感慨地说："每一次项目的成功，都是团队共同努力的结果，也是我职业生涯中宝贵的财富。"

勇于创新，科技兴国

在本科学习阶段，刘志鹏建议我们应专注于电路基础的学习，包括电路的基本概念、电容和电感等基础元件，以及电路中等效变换的知识；此外，电子器件相关课程（例如半导体器件、集成电路和传感器等）也至关重要。掌握微控制器（MCU）的编程及其应用是一项必要的技能，他建议我们通过积极参与工程实践和项目实践课程，将理论知识与实际应用相结合，从而有效提升解决实际问题的能力；此外，参加各类电子设计竞赛或机器人大赛，不仅能锻炼创新思维，还能增强团队协作能力。为了不断提升专业技能和综合素质，我们应该持续追求新知识和新技术。

在讨论未来微电子技术的发展时，刘志鹏表现出强烈的信心和期待。他讲道："随着摩尔定律的效应逐渐减缓，未来微电子的发展将更多地依赖三维集成、异质集成等新技术。另外，新能源汽车和智能制造等领域的不断发展，对性能更高、更可靠的微电子产品的需求将持续增加。"刘志鹏坚信，凭借技术不断革新和产业持续进步，中国的微电子行业定能在全球舞台上占据更重要的地位。

通过与刘志鹏的深入交流，我们不仅了解到了他在西安电子科技大学微电子学院求学期间所付出的努力和取得的成绩，还感受到了他在天水七四九电子有限公司的显著成长和不断突破。

刘志鹏的故事不仅生动诠释了个人奋斗的历程，还深刻揭示了当前微电子产业的发展趋势。我们坚信，在未来的日子里，刘志鹏将继续在微电子领域发挥重要作用，为推动我国微电子产业的蓬勃发展贡献自己的力量。同时，我们也期待更多像刘志鹏这样的优秀人才能够加入微电子行业，共同书写中国微电子产业的新篇章。

（撰稿：2022级 章伟 曾维和）

李树超
至善至美，百折不挠

李树超，西安电子科技大学计算机科学与技术学院2018级校友，软件工程专业硕士研究生，目前在长鑫存储技术有限公司设计部担任高级工程师。

敢闯敢为，坚守初衷

2018年，李树超进入西安电子科技大学软件工程专业学习。这一年国际形势风云变幻，中国半导体行业遇到了前所未有的挑战——美国等外部势力试图通过技术封锁遏制中国高科技产业的发展。

经过三年的刻苦学习，李树超决定追随自己内心的声音，投身于前景广阔的半导体领域，将自己未来的发展与国家的命运紧密相连。在长鑫存储工作的三年里，他不仅了解了芯片设计行业的最新趋势，还深刻认识到国内外 IC 设计行业之间的差异。

面对行业的紧迫需求，李树超经常工作至深夜，致力于推动长鑫存储的动态随机存取存储芯片（DRAM）技术不断发展，奋力追赶并接近国际先进水平。这种拼搏精神既体现了他敢于创新、勇于挑战的工作作风，同时也彰显了他对初心的坚守。

至善至美，百折不挠

虽然深知个人的力量微不足道，但李树超仍然义无反顾地投身于中国半导体领域的伟大建设之中。凭借在长鑫存储设计部积累的工作经验，他怀揣着梦想，决心在动态随机存取存储芯片的广阔天地里开辟出一条属于自己的创新之路。谈及我国当前在一体化存储器制造领域人才短缺的现状，李树超深情寄语西电学子："务必刻苦钻研专业知识，积极投身工程实践，为实现国家高科技领域的自给自足贡献青春与智慧。"

万仞高峰，始于点滴积累

在交流过程中，李树超反复强调本科阶段深入掌握专业课程知识的重要性。他说："每一门专业课程，都会在工作中发挥重要作用。"对于近年来兴起的集成电路设计速成班，他表达了自己的看法。他指出："这类速成班的学员通常在入职几个月后，就会与经过四年系统培养的集成电路设计与集成系统、微电子科学与技术专业的学生形成显著差距；通过四年的系统学习，科班学生在专业知识和技能上得到了全面的提升，这是短期速成班学员所无法比拟的。"

李树超还回忆了自己在本科阶段认真学习数学与英语等基础课程的经历，并分享了学习心得："集成电路研究须重视数学和英语知识的学习。数学是锻炼思维能力和深化工科专业知识的基础，而英语则在阅读技术手册、学术论文等方面发挥重要作用。"

"读万卷书，行万里路。"回忆起研究生生活，李树超提到了 CMOS

技术、Verilog 语言、UVM 设计验证、脚本语言等关键知识点，这些专业知识与技能为他赢得了一份满意的 offer。此外，他鼓励学生要主动寻找实践项目，以锻炼动手能力，培养工程意识，积累实践经验，从而提升就业竞争力。

李树超坚信，要想在某个领域深耕细作，必须经历长期的磨砺与积累。对于职业发展策略中的跳槽行为，他认为频繁跳槽不符合"长期学习、深耕领域"的发展要求，因为不连贯的职业发展路径可能会使学生错失宝贵的锻炼机会，导致专业知识和技能无法持续提升，从而严重阻碍个人职业的发展。

对于学生未来的职业选择，李树超提出了自己的观点："在半导体行业，希望大家能进入一流公司锻炼，重点打磨专业技能与工程实践能力；在选择公司时，不能只看重薪资待遇，应该综合考虑公司的资源、文化和成长空间，实现职业发展最优化。"

最后，李树超还提到性格和综合素质的重要性，强调责任心、团队合作精神以及出色的语言表达能力在职业发展中至关重要。

（撰稿：2022 级 吴延强）

韩 超
把握机遇，深入钻研

韩超，西安电子科技大学微电子学院讲师，微电子学与固体电子学博士，目前在西电芜湖研究院负责 SiC 方向的研究工作。

韩超老师指出，20 世纪 90 年代中国的半导体产业尚处于起步阶段，与国际巨头相比，国内企业几乎没有竞争力。他介绍，这一状况在 2005 年发生了转变——那时，西安电子科技大学购买了中国第一台 SiC 外延生长炉，成为国内 SiC 材料研究的先行者；当时，国内仅有三台此类设备（分别在中电科 55 所、13 所和西安电子科技大学），为科研人员提供了宝贵的实验条件，使他们能够深入探索从衬底制备到外延生长，再到晶圆制造、封装测试，直至可靠性应用研究的每一个环节。

2012 年，山东天岳先进科技股份有限公司的成立，标志着 SiC 材料正式步入商业化阶段。2016 年，SiC 市场迎来了爆发式增长。尽管当时技术尚不成熟，但得益于国家对新能源汽车、光伏等产业的政策支持，以及 SiC 在提升电能转化效率、降低损耗方面的显著优势，该产业得以迅速发展，并获得了强大的动力。

截至 2021 年，SiC 制造设备发展迅速，已达到国际先进水平。2024 年，北方华创与西安电子科技大学携手创立了联合培养实验室，进一步推动了 SiC 技术的研发与应用。西安电子科技大学在 SiC 研究及产业化探索方面走在了全国前列，为我国在该领域的技术创新和产业发展作出了重要贡献。

韩超老师深知，SiC 晶圆制造成本高昂和器件可靠性不足是制约我国 SiC 产业发展的两大瓶颈问题，但他对我国 SiC 产业的发展仍抱有坚定的信心和殷切的期望。他说："随着 SiC 生产技术的不断进步，其生产成本有望逐渐降低，届时相较于传统 Si 基 IGBT 的性能优势将逐渐凸显，从而受到更多关注。"

在 SiC 产业的发展过程中，我国企业凭借强烈的竞争意识，成功抢占国际市场，给外国企业带来了巨大的竞争压力。然而，SiC 器件的可靠性问题也不容忽视。在实际应用场景中，如高温、高压、大电流等条件下，SiC 器件暴露出了一些新的问题。与英飞凌等国际知名企业的产品对比，国产器件在可靠性方面仍存在差距。

为了进一步提高国产 SiC 器件的可靠性，未来两年，我国科研人员将继续进行深入研究，力求在技术上取得突破，推动我国 SiC 产业迈向更高的台阶。

在探讨 SiC 行业的机遇时，韩超老师指出，这一领域在我国拥有巨大的发展潜力，特别是在新能源领域，如新能源汽车、光伏发电、风力发电等方面，SiC 材料的应用能够发挥关键作用，这正是我国的优势所在；此外，SiC 技术在智能电网和电网设备中也有广泛的应用前景，尤其在特高压电网和交直流转换等关键领域；国家电网早在十几年前就开始关注 SiC 技术，并投入巨额资金进行研发，现已建立起自己的 SiC 品牌，涵盖从材料生长到器件制作的完整产业链。

SiC 技术在高铁运行领域同样具有重要意义。在高铁 3300V 至 3600V 的高压环境下，SiC 器件能够提供高效、可靠的电力转换和控制功能。此外，

SiC 在抗辐射领域也得到了重点应用。在航天领域，SiC 制成的电子元器件因其具有抵抗宇宙射线的特性，成为卫星等航天器不可或缺的重要组成部分。我国相关科研院所在这一领域拥有坚实的研发基础，承担着多个相关项目的研究任务。

谈及从事 SiC 研究的学生发展前景，韩超老师满怀信心地说："这一领域为学生提供了多样化的职业选择，学生可以根据个人兴趣和学习经历，选择适合自己的职业道路：对模拟电路和器件结构感兴趣的学生，可以选择器件研发岗位，专注于设计和发展新型半导体器件；偏好实际操作的学生，则可以选择进入工艺车间，担任工艺工程师或工艺整合工程师等职务。"

最后，韩超老师热情地鼓励我们深入钻研专业知识，并诚挚地邀请我们加入西电芜湖研究院，共同投身于科研工作。他期待我们能够汇聚于此，为西电的辉煌成就和祖国的繁荣昌盛贡献自己的智慧与力量。

（撰稿：2022 级 吴延强）

高晓强
注重理论与实践结合

高晓强，西安电子科技大学电子工程学院 2007 级本科生，电子工程学院 2011 级硕士研究生。目前，他就职于中国电科第 13 研究所的先进集成研究部门，同时正在西安电子科技大学集成电路学部攻读博士学位。

知识的力量：理论与实践的深度融合

提及芯片的发展历程，高晓强指出："七十多年前，第一支晶体管的出现标志着人类从此进入了半导体时代。六十多年前，集成电路出现并迅速发展至超大规模，不仅推动了电子信息技术的进一步发展，还揭开了信息化时代的序幕，极大地改变了人类社会。然而，中国在发展超大规模集成电路的过程中，始终面临着严峻的外部封锁和巨大的挑战。"尽管深知国内在这一领域的瓶颈，但高学长依然充满信心和希望。他坚信，不积跬步，无以至千里；不积小流，无以成江海。高学长始终秉持学无止境的信念，认为要在某一领域深耕就必须经历长期的磨炼。他还建议我们保持好奇心，树立终生学习的信念，在这个日新月异的技术领域，只有不断学习才能紧跟时代的步伐。随着人工智能、物联网、5G 等技术的快速发展，芯片工程师的角色将进一步多元化。我们不仅要关注传统的性能和功耗问题，还需积极探索如何提高芯片的智能化水平，并促进其与软件及其他系统更好地协同。

迷茫与启迪：在学术海洋中寻找方向

在交流中，有位同学提出了这样的问题："高学长你好，作为一名大二学生，我感觉自己这两年学的高数、大物、数电、模电等课程知识与刚才您带我们参观的芯片器件联系不上，对此我感到很迷茫。可以请高学长给我们一些建议吗？"

高学长耐心地回答："这个问题很好，迷茫是成长的一部分。当你感到迷茫时，说明你正在努力向上。你应该根据自己的规划踏实地去做，你所付出的每一分努力，都会在未来产生价值。"

高学长进一步解释说："我在微电子学院学习的时间比较长，对学院的课程设计比较了解。实际上，微电子学院的课程设计是非常科学的。比如你提到的数电，我们在设计驱动器时会直接用到数电的基础逻辑，这些是非常实用的知识模型。有时候，我们会直接参考书上的原题来进行设计。"

高学长再次强调了理论知识的重要性，他说："不要认为那些公式没有用，它们实际上非常有用。作为设计师，你会一直依赖这些经典教材中的理论公式，这些理论其实与实践结合得非常紧密。"

在谈到微电子行业的门槛时，高学长说："半导体特别是微电子行业的门槛很高。之所以门槛高，是因为这个行业需要从业者掌握大量的学科知识，并要学会将这些知识应用于实践中。"

通过这次访谈，我们可以认识到，理论与实践相结合是至关重要的。

高学长的建议不仅为这位迷茫的大二学生指明了方向，也为所有在学术道路上探索的学子们提供了宝贵的启示。

未来展望：持续学习与技术革新的航道

在谈话中，高学长针对即将升入大三的学生提出的关于数集和模集学习的问题，分享了自己的见解和建议。他强调了基础课程的重要性，并指出无论是未来就业还是考研，这些基础知识都是不可或缺的。高学长建议学生在大三学习专业课之前，要扎实掌握数集和模集的基础知识，在军工领域，这些基础知识是设计和创新的基础。

对有意向进入研究所的学生，高学长认为科研和竞赛经历是有益的，但也要注重工程实践。他引用"纸上得来终觉浅，绝知此事要躬行"来强调实践经验的重要性，并解释了工程实践与学术研究之间的差异。他说，学校可能更注重创新性，而在工程实践中，尤其是军工领域，更强调的是性能指标和稳定性。

通过分享自己在模拟芯片设计领域的经验，高学长强调了在这一领域中掌握不同方向知识和技能的重要性。他专注于频率源芯片的设计，这是一个涉及射频、数字和模拟等多方面知识的复杂领域。正如杜甫所言："会当凌绝顶，一览众山小。"高学长认为，只有不断攀登，才能到达知识的高峰。

此外，高学长强调本科阶段的学习对个人职业发展至关重要。他建议学生重视本科阶段电磁场和电磁波等基础课程的学习，因为这些课程为未来的专业发展奠定了坚实的基础。在交谈的最后，他鼓励学生们在学习过程中不断积累和深化专业知识，无论是选择继续深造还是直接步入职场，扎实的基础知识都将是最宝贵的财富。

（撰稿：2022级 郑晓力）

结 语

通过深入挖掘和分析优秀校友的奋斗历程，我们可以发现他们成功的共性——不懈努力、持续学习、勇于创新，以及对国家和社会满怀责任感。他们的故事，如同璀璨的星辰，照亮了西电青年学子前行的道路，也将激励每一位在集成电路领域追梦的人，无论面临多大的挑战，都要坚守初心，勇往直前。

青春承壮志，青年踏"芯"途

导　言

　　通过深入企业一线，同学们直观地感受到了科技的力量和创新的魅力，深刻地理解了理论与实践相结合的重要性。他们目睹了科技在实际生产中的具体应用，体会到了创新思维在推动企业发展中的关键作用。同时，同学们也清晰地看到了中国集成电路行业面临的挑战和不足。西安电子科技大学集成电路学部的学生，作为未来集成电路领域的新生力量，他们的实践和感受承载着个人的成长与收获，是中国集成电路产业发展的缩影和希望。

　　本篇将引领读者走进"芯"青年的实践世界，聆听他们对集成电路设计、制造、封装、测试等环节的亲身体验和深刻感悟。在这里，我们不仅能够感受到他们对知识的无限渴望和对技术的执着追求，更能体会到他们在面对挑战时的勇气与坚持。

本篇还将呈现同学们对集成电路未来发展的思考。他们密切关注国家集成电路产业政策，关心行业动态，深入思考如何将个人发展与国家需求相结合。他们对集成电路技术的热爱和对未来的憧憬，将激励更多年轻人投身于这一充满挑战与机遇的领域。

"朝阳之声"篇不仅是同学们个人成长的见证，更是中国集成电路产业发展的见证。通过他们的叙述，我们能够看到中国集成电路产业的未来，感受到年轻一代的蓬勃力量与无限希望。让我们一起走进他们的世界，聆听他们的声音，共同见证中国集成电路产业的辉煌未来。

◎ 李卓衡

国之重器，"芯"之所向

对我而言，这次主题实践活动是一次收获颇丰的体验，这次体验让我重新认识了我的专业，并真正了解了祖国在集成电路行业的迅猛发展与宏伟蓝图。我看到了祖国在高科技领域的巨大潜力和无限可能！

我之所以选择集成电路学部，很大程度上是受到了祖国强大感召的影响。据了解，我国集成电路产业每年的人才缺口高达几十万人，加之美国贸易战的影响，行业面临巨大挑战。然而，正是这些挑战，激发了我立志成为新时代"芯"青年的决心。虽然我曾质疑过自己的决定，担心行业发展的阻力和国际形势的不确定性，但这些疑虑在研学实践中都消散了。

记得第一次在超净间外的参观走廊参观时，我被深深震撼了。看到那些价值不菲的设备和自动化小车飞速行驶的场景，我深切感受到了科技发展的迅猛。这些半导体公司的不懈努力与追求，对推动我国工业现代化转型至关重要。超高的自动化率和昂贵的仪器令我惊叹不已，尤其是看到那台令人心潮澎湃的光刻机时，我更感受到了国家的强大。尽管我们在某些方面与世界顶尖水平还有差距，但我国在半导体领域超高的国产化率以及在重重制裁下仍能生产出自己的芯片，无疑是对国人的巨大鼓舞与激励。在那一刻，我真正明白了"半导体工业皇冠上的明珠"的含义，并清晰认识到自己作为一名新时代集成电路人的初心与使命。

我们不仅参观了超净间，还了解了京东方、长鑫存储等企业的发展历程和辉煌成就。这些企业艰辛的发展史让我赞叹不已，他们的高科技产品也让我深感自豪。作为一名普通的集成电路学部的学生，我深知自己未来未必能进入这些企业，但我相信，无论身处何处，我都会为祖国在这些领域取得的成就感到无比骄傲。

长鑫存储的经历尤其令我印象深刻。自贸易战开始以来，该企业面临着前所未有的挑战，甚至一度面临倒闭的风险。但是，中国企业和科研人员用坚韧不拔的精神证明中华民族是不可战胜的。看着长鑫存储这几年申请的上千件发明专利，我深受震撼。每一件专利背后都凝聚着科研人员无数日夜的努力，这种伟大的民族精神深深打动了我，激发了我前所未有的民族自豪感。

京东方作为国内外屏幕领域的领军企业，给我留下了深刻印象。虽然我之前知道京东方的 OLED 屏幕已用于华为 Mate60 型号手机，但亲自了解后才发现，我对这家公司知之甚少。京东方悠久的历史、庞大的规模、众多的产线及海量的创新专利，都让我见识到了这家公司的实力和自主创新能力。创新是发展的第一动力，京东方正是凭借对创新的重视而崛起的。在京东方的展馆中，从 8K 超高清屏幕到裸眼 3D 技术，再到最先进的 Micro-OLED 技术，每一项展示都让我大开眼界。我意识到，这不仅是京东方的科技实力，更是我国未来高端屏幕制造技术的辉煌前景。

此外，学院组织的访谈会也对我影响深远。各公司的 HR、技术人员以及优秀校友的分享涉及未来的岗位需求和学习规划等多个方面，对我们未来的学习和职业规划有着重要的指导意义。这使我明白：有时候选择比努力更重要；我们不仅要刻苦学习，更要学会如何把握未来的发展方向。

回顾这次参观，我不仅收获了丰富的知识，也对我国集成电路产业的发展有了更深刻的认识。我相信，在政府和企业的共同努力下，祖国的集成电路产业必将迎来更加辉煌的明天。这次活动不仅难忘，更坚定了我投身于国家最需要的领域的决心！

◎ 王泽涛

科技之光，照耀合肥辉煌篇章

这个暑假，在充满活力的合肥，我开启了一场主题实践之旅。每一站都带给我惊喜与震撼，如同一幅幅生动的画卷在眼前徐徐展开。

走进合肥的高新企业，浓厚的创新氛围深深地吸引了我。从尖端科技的研发到智能制造的流水线，我目睹了科技如何改变生活，感受到了创新带来的无限可能。企业家们的热情与执着让我体会到筑梦路上的艰辛与坚持。

在与企业员工的交流中，他们的专业精神和团队协作能力给我留下了深刻的印象。他们用智慧和汗水为企业的发展贡献力量，同时也为自己的人生书写精彩篇章。这种积极向上的精神让我深受鼓舞，更加坚定了我的梦想和追求。

在这次旅程中，我深刻体会到企业与城市共生共荣的紧密关系。历史悠久的合肥以其独特魅力和蓬勃活力，孕育着无数企业的梦想与希望。企业在这里扎根生长，不仅为城市带来经济繁荣，还注入了创新的活力。而城市为企业提供了广阔的发展空间和坚实的支撑，让梦想在这里得以实现。

这次主题实践活动不仅让我开阔了眼界，增长了见识，更让我明白了筑梦的重要性。未来，我将满怀热情，带着坚定的信念，追求梦想，创造属于自己的辉煌人生。这是一次对知识的探索、对梦想的追求，也是一次心灵的洗礼和成长的旅程。我相信，我会将这次实践的收获和感悟转化为前行的动力，不断追求梦想，为社会进步贡献力量。

◎ 吴延强

产业洞察，实践引领

在此次实践中，我有幸探访了宏晶微电子、长鑫存储、京东方、西电芜湖研究院和熙泰智能科技公司。走出学校课堂的局限，我在企业现场目睹了集成电路行业企业的生产线，并与企业的人力资源经理、资深工程师、校友工程师等进行了面对面的交流，受益匪浅。

在宏晶微电子，我深切感受到了小型公司的温馨，对他们的"毅行"理念表示认同。这家规模不大的设计公司十五年来专注于某一技术领域的研究与开发，尽管在市场竞争中历经风雨，但始终坚守初心，勇于探索。宏晶微电子的经历让我了解到一名技术人员在企业中的工作内容，也意识到我应如何规划自己的职业生涯。在实践过程中，我更深刻地体会到理论知识与实际操作紧密结合的重要性。

长鑫存储如同一位资金雄厚的创业者，在短短八年时间里迅速发展壮大，成为行业的领头羊。其昂贵的设备、先进的工艺、严格的制度以及员工的专业态度，都彰显出大型企业的风范与实力。我特别钦佩那些加入长鑫存储的学长们，他们丰富的专业知识与技能让我心生向往。同时，人力资源经理也详细介绍了 IC 领域当前的严峻市场形势和国内 IC 行业面临的就业竞争压力。这些现实问题压在我们学生心头，既给了我们紧迫感，也促使我们更加发奋图强。我们深知，我们不仅是为了个人的职业发展而努力，更是为了祖国 IC 行业的壮大而奋斗。

在京东方，我感受到了世界领先企业的宽广胸怀。员工在介绍产品时所流露出的自信，源自企业拥有领先世界的技术实力。这种自信为企业营造了一种从容不迫的氛围。正如一位西电学长所言，京东方是一家充满包容与友好氛围、为学生提供优良就业机会与培训机会的企业。

西电芜湖研究院的氛围亲切，导师与学长们都非常友善。通过参观，我了解了研究院正在开展的先进微电子器件、超宽禁带半导体技术、汽车电子关键技术以及集成电路设计工程等研究工作。同学们对 SiC 领域的研究表现出了浓厚的兴趣，导师也围绕这一领域为大家作了详细介绍。

最后，我们来到了熙泰智能科技公司。他们在 OLED 技术研发方面处于行业领先地位。在这里，我们偶遇了正在参与破冰活动的西电学长，并与学长进行了亲切交流。我们讨论了如何合理安排本科生与研究生期间的学业任务，以期为未来更好地进入优秀企业做准备。

衷心感谢集成电路学部为我们提供此次宝贵机会，使我们得以亲历不同企业的风貌与文化，对自己的未来发展道路与机遇有了更加清晰的认识与判断。

◎ 徐昊岚

鹏北海，凤朝阳，
国"芯"铸剑路漫漫

我参与这次"集成电路强国行"主题实践活动的初衷，是希望在大二这个关键时期提前了解社会环境、行业现状和企业需求，以及明确个人未来的发展方向。回顾这次活动，我感到非常满意，不仅深入了解了行业现状，还对未来发展有了更清晰的目标。以下是我对这次经历的总结，在总结的过程中，我再次认识到这次实践的重要性。

之所以选择微电子学院，不仅在于我对电路设计与学习的兴趣，也源于我对国家芯片科技领域的关注。当前，我国在高精尖科技领域面临挑战，创新不足，追赶国际先进水平需要较长时间。此外，国家和企业在这一领域急需大量有才能、有责任感的大学生加入。学习专业知识需要持之以恒的热情，而解决就业问题则需要广阔的视野和丰富的信息。社会实践，正是我们扩展视野、获取行业信息的重要途径。

面对大学生就业率不高与企业巨大人才需求之间的矛盾，我通过这次企业探访活动，更加深刻地理解了这一现象背后的原因：企业和社会需要的是专业对口、经过系统培养的大学生；然而，许多大学的人才培养能力不足，学生在跨专业学习时往往缺乏深度。因此，高校应加强专业教育，确保学生掌握扎实的基础知识，培养其团队协作和深度学习的能力，以提高学生解决问题的能力。学生在就业前，通过实习和项目经验来建立自己的职业方向观念，熟悉岗位所需软件和资源至关重要。同时，与公司 HR 的交流也让我们了解了面试中需要注意的事项。

在这次暑期实践中，参观企业内部车间的经历给我留下了深刻印象，尤其是在光刻机和 Micro-OLED 制造工艺车间，"无国产替代方案"的现象引发了我的深思。负责人指出，虽然国内可以自给自足低精度的制造工艺和产品，但在高精度领域却高度依赖国外技术。例如，先进的纳米光刻机被禁运，台积电的代工厂无法为国内提供服务，稳定可靠的机械臂也无法在国内生产。这些先进技术均为他国所有。我深刻认识到，在全球化格局深刻变革、保护主义日益盛行的背景下，中国要真正崛起仍需长时间努力。攻克技术难关、打破国外封锁、追赶西方发达国家领先我们百年的技术积累，都需要大量的时间、人力和资金投入。令人欣慰的是，集成电路行业在复杂的国际形势下已经开始觉醒，国内对这一领域的关注热度持续上升。作为西安电子科技大学的学生，作为一名电子信息专业的优秀学子，我已准备好在这股时代浪潮中锤炼自己，把握机遇，为推动我国集成电路产业的发展贡献力量。

打铁还需自身硬。对于我们而言，无论是实现个人理想，还是为国家的崛起贡献一份力量，都离不开日复一日的学习与积累，这正是百炼成钢的过程。

◎ 郑晓力

步履不停，毅行致远

　　参观宏晶微电子科技股份有限公司的经历让我深刻理解了"徒步毅行"这一概念所蕴含的深层意义。在成果展厅、企业文化连廊以及交流汇报会中，这一概念贯穿其中，将公司的发展历程与员工的精神风貌紧密相连，不仅体现了一种积极向上的发展态势，更映射出一种生活态度和工作哲学。在宏晶，"徒步毅行"象征着创业者面对未知挑战时的勇气，员工在日常工作中持之以恒的努力，以及在逆境中不屈不挠的精神。这种精神成为推动公司不断向前发展的内在动力。

　　参观过程中，我深受触动的是，无论是巢湖边的宁静散步，还是大别山的艰难跋涉，或是戈壁滩的孤独穿越，这些徒步活动都体现了宏晶人对目标的执着追求。他们坚信，只要心中有信念，脚下就有力量。即使环境恶劣，无人涉足，他们也能够凭借内心的坚持和毅力，一步步迈向成功。作为一名未来的工程师，我深知技术难题是创新路上的常客。宏晶的故事告诉我，在面对困难时，不能轻易放弃，而应该像那些徒步者一样，将每一次挑战都视为成长的机会，用毅力和决心克服障碍，最终实现目标。这种坚持不懈的精神，不仅是宏晶文化的精髓，也是每位科技工作者应当具备的品质。这次参观不仅让我对宏晶微电子科技股份有限公司有了更全面的认识，更让我领悟到，无论是创业、工作，还是生活中的每一步，都要带着信念和毅力勇往直前。这是一次难忘的体验，也是一堂生动的人生课。

在职场生涯中，稳定性和连续性往往被视为成功的重要因素。校友提醒我们：频繁更换工作可能并非最佳的职业发展策略——在当今快速变化的工作环境中，虽然跳槽有时能带来短期的薪资增长或职位提升，但从长远来看，这样可能会削弱我们的专业深度及行业影响力。因此，校友鼓励我们在职业道路上寻找真正的热情所在，并致力于某一领域深耕细作；通过在一家公司或一个行业内积累经验，可以建立完善的专业知识体系，形成个人品牌，同时也有机会获得内部晋升和更多的发展机会；此外，长期服务于一家企业还能帮助我们建立稳定的人脉网络，这对于职业生涯的长远规划至关重要。

当然，这并不是说我们完全不能跳槽。在某些情况下，换工作可能也是必要的，比如当我们的个人目标与现有工作环境不再匹配时，或是当我们寻求新的挑战和学习机会时。关键在于，我们需要审慎地评估每一次职业变动的必要性，确保它真正契合我们的长期职业规划。

校友的建议提醒我们，要珍惜稳定带来的价值，学会在职场中耐心耕耘，同时也要保持开放的心态，适时调整方向，以实现个人职业目标与内心满足的和谐统一。在作出任何重大决定之前，我们应当深思熟虑，确保每一次选择都能引领自己走向一个更加充实且有意义的未来。

宏晶微电子科技股份有限公司的发展历程，是中国芯片产业奋斗历程的一个缩影，展现了中国科技企业在国际竞争中如何以坚韧不拔的精神，克服重重困难，逐步建立起自己的技术壁垒和市场地位的过程。正如宏晶所倡导的"徒步毅行"文化，中国芯片行业也在全球科技浪潮中展现出了一种不屈不挠、勇于探索的精神风貌。如今，回顾过往，展望未来，我们有理由相信，中国芯片产业将继续以坚定的步伐，毅行致远，向着更高的目标迈进。这不仅是一场技术的较量，更是一场意志的比拼。中国芯片人正以实际行动，诠释着"步履不停，毅行致远"的真谛。

◎ **杨志星**

感受科技与创新的魅力

炎炎夏日，我有幸前往四川成都参观了芯原、振兴、极海和华兴大地等公司。这是一次难得的学习与体验机会，让我对微电子行业有了更深入的了解，并深刻体会到了科技与创新的魅力。

此前，我对微电子行业的了解仅源于书本。然而，当我亲自走进这些公司时，车间先进的生产设备、产线上精密的工艺流程以及员工们严谨的工作态度，立刻给我留下了深刻的印象，彻底改变了我对微电子行业的认识。

在参观过程中，我目睹了微电子产品的生产全过程。高度自动化的生产线、尖端的设备和现代化的实验室一一呈现在眼前，不仅让我直观地了解了微电子器件的制造过程，也让我认识到科技进步和创新是推动这一行业发展的核心动力。通过与工程师的交流，我了解到微电子的研发与生产不仅需要高精度的设备，还需要严谨的实验流程和丰富的专业知识。这一过程不仅是对知识的综合运用，更是对科学严谨态度的坚持与培养。

在这些公司，我还体会到了团队合作的重要性。无论是操作设备、质检产品还是进行研发试验，各个岗位的员工都需要紧密配合，共同打造一个高效的团队。这种跨学科的协作和沟通，不仅提高了工作效率，也促进了创新的产生。作为一名大学生，我意识到在未来的工作中，良好的团队合作能力是非常关键的。在团队中，每个人都应该发挥自己的优势，互相学习，共同进步。

此外，这些公司的企业文化给我留下了深刻印象。例如芯原公司，HR为我们详细介绍了芯原的历史、愿景以及企业文化。作为一家微电子公司，芯原秉承创新、卓越和诚信的价值观，高度重视培养员工的创造力与责任感。优秀的企业不仅在于技术的先进，还在于其良好的企业文化和对员工成长发展的悉心关注。芯原公司在这方面做得尤为出色，他们非常注重员工的身心理健康，不仅配备了心理咨询师、专业的按摩师，还设有健身房等设施，这些举措体现了公司对员工的细致关怀。此外，公司还经常举办各种节日庆典和团建活动，极大地增强了员工的团队凝聚力和归属感。

总之，这次暑期实践参观让我受益匪浅，不仅学到了很多专业知识，还感受到了科技与创新的魅力。我相信，在未来的学习和工作中，我会以此为动力，更加努力地学习、实践，为实现自己的梦想而努力奋斗。

◎ 袁 立

创"芯"使命，砥砺前行

在数字化时代的浪潮中，半导体行业作为科技进步的基石，在全球范围内显得极其重要。今年夏天，我参加了为期三天的主题实践活动，有幸参观了成都四家领先的半导体企业。这段短暂的实地考察经历不仅让我对半导体行业有了更全面的了解，还让我深刻感受到了肩负的使命与责任。

这四家企业均坐落于成都高新区。每家公司都独具特色，其中令我印象最深的是最先探访的芯原微电子。在踏入公司大门的那一刻，我便被其浓厚的科技氛围所吸引。接待我们的是一位亲切的前台工作人员，她向我们介绍了公司的基本情况及当天的行程安排。

我们参观了公司的主要研发部门和生产线。在研发部门，工程师们正埋头于复杂的设计图纸和模拟数据中，他们专注的眼神中透露出对技术的无限热爱。我们现场观摩了一款新型芯片从初步构思到最终实现的整个设计过程，其中每一个环节都需要严格把关，以确保设计的精确性和实用性。这个过程让我深刻体会到，半导体设计不仅是科学，更是艺术。每款芯片的设计都需要考虑性能、成本、市场趋势等因素，稍有疏忽就可能导致整个项目失败。

在生产线上，自动化机械臂与工程师协同作业，并然有序。高度自动化的生产线充分展示了现代科技的力量，同时也体现了半导体制造业的精密和复杂。通过讲解员的介绍，我了解到了半导体制造过程的复杂性及保持产品质量的严格标准。

芯原还特意为我们安排了与集成电路专业相关的座谈会。会上，资深工程师和技术经理分享了他们对行业的见解、当前面临的挑战及未来的发展机遇。随着人工智能、物联网、大数据等技术的兴起，半导体产品的需求日益增加，这对行业提出了更高的要求。通过培训，我深刻认识到，只有不断学习和创新，才能在这个竞争激烈的市场中保持优势。

除了技术上的收获，我对该公司的企业文化也深有感触。在这里，每位员工都将推动技术进步、服务社会视为己任。无论是他们深夜在设计室灯火通明的奋斗身影，还是休息日主动加班攻关难题的奉献精神，都让我体会到了身为半导体行业工作者的责任感和使命感。

在全球芯片短缺的背景下，成都乃至中国的半导体企业承载着更多的期待和责任。这次实践经历更加坚定了我未来投身于半导体行业的决心。我希望在未来的工作中，能为推动我国半导体产业的发展贡献自己的力量。

回顾这三天的参观实践，我不仅收获了宝贵的知识和经验，更重要的是找到了自己的兴趣所在和未来的职业方向。在科技日新月异的新时代，半导体行业将继续扮演至关重要的角色，我已经做好准备，决心投身其中，肩负起这份重任，为创造更多"芯"的奇迹而努力。

◎ 刘华健

看中国芯片图景：砥砺前行，迎接曙光

在 21 世纪的科技浪潮之中，芯片作为信息技术的核心基石，其重要性不言而喻。近年来，中国芯片产业在风雨中砥砺前行，展现出坚忍不拔的意志和蓬勃向上的活力。从跟随者逐步成长为并跑者，甚至在某些领域已成为领跑者，中国芯片产业的每一步都凝聚着无数人的智慧和汗水。

回望过去，中国芯片产业经历了从无到有、从小到大的艰难过程。面对国际市场的激烈竞争和技术封锁，中国芯片企业没有退缩，而是选择了迎难而上。他们加大研发投入，加强人才培养，不断突破技术瓶颈，努力提升自主创新能力。尽管遭遇了许多挫折和困难，但中国芯片企业始终保持着坚定的信念和昂扬的斗志，不断向前迈进。

如今，中国芯片产业已经取得了显著的成绩。在设计领域，一批具有国际竞争力的芯片设计企业崛起，其产品广泛应用于手机、电脑、物联网设备等多个领域；在制造领域，中国芯片企业积极引进并消化吸收先进技术，不断提升制造工艺水平；在封装测试环节，中国更是拥有了全球领先的技术实力和市场占有率。

然而，我们也要清醒地认识到，中国芯片产业在快速发展的同时，仍然面临着不少挑战和困难：一方面，由于国际市场竞争依然激烈，技术更新换代速度不断加快，中国芯片企业面临更严峻的考验；另一方面，国内产业链上下游之间的协同合作还有待加强，部分核心技术和高端设备仍然依赖进口。

面对这些挑战和困难，中国芯片产业需要继续保持砥砺前行的精神：首先，要进一步加大研发投入，加强基础研究和应用研究，不断提升自主创新能力；其次，要加强产业链上下游之间的协同合作，形成合力，共同推动中国芯片产业的发展；最后，要积极参与国际竞争与合作，学习借鉴国际先进经验和技术，不断提升中国芯片产业的国际竞争力。

展望未来，中国芯片产业将迎来更加广阔的发展前景。随着国家对科技创新的高度重视和大力支持，以及全球科技产业的快速发展和变革，中国芯片产业将迎来更多的机遇和挑战。我们坚信，在国家和企业的共同努力下，中国芯片产业一定能够取得更加辉煌的成就，为国家的科技进步和经济发展作出更大的贡献。同时，我们也期待看到更多的中国芯片企业在国际舞台上大放异彩，成为全球芯片产业的领军者。

◎ 曹焱禹

探索之旅，逐梦前行

在本次实践活动中，我有幸参访了芯原成都、振芯科技、成都极海科技、华兴大地等微电子企业，这是一次极具意义和价值的经历，让我对这个行业有了更深入的了解，也对自己未来的规划有了更清晰的方向。

在实践中，各个企业的背景介绍让我大开眼界：芯原成都作为一家在芯片设计领域具有重要影响力的企业，其先进的技术和创新的理念让我深受震撼；振芯科技在卫星导航等领域的突出成就，彰显了我国在相关技术上的重大突破与蓬勃发展态势；成都极海科技在集成电路方面的专注和投入，让我看到了其对技术研发的执着；华兴大地在微电子领域的深耕细作，充分展现了企业的强大实力和坚定的发展决心。

在与校友的访谈交流中，我收获颇丰。校友们分享了他们在行业中的成长经历和宝贵经验。他们强调，在这个快速发展的行业中，持续学习、不断更新知识技能是至关重要的。同时，他们也提到了团队合作和沟通能力的重要性，指出要能够与不同背景的人合作，共同解决复杂的技术问题。一位校友还特别提到，面对挫折和困难时，要有坚持不懈的精神和积极的心态，不断从失败中吸取教训，调整方向勇往直前。

企业前沿报告的分享让我对行业的发展有了全新的认识。当前，国家在集成电路领域面临着一些关键技术瓶颈，如高端芯片制造技术的不足等。

然而，这也正是我们这一代学子的机遇和挑战。企业对人才的需求不仅仅局限于专业知识和技能，更注重其创新能力、解决实际问题的能力以及对行业发展趋势的敏锐洞察力。这让我明白，我们在学习过程中不能仅满足于书本知识，还要多关注行业动态，积极参与实践项目，培养自己的综合能力。

通过这次实践，我深刻认识到自己在专业知识和实践能力方面还有很大的提升空间。未来，我将更加努力地学习专业课程，努力提升自己的理论水平。同时，我将积极参加各种实践活动和项目，积累实际经验，提高解决问题的能力。我会注重培养自己的创新思维，敢于尝试新的方法和思路，为解决行业中的难题贡献自己的力量。此外，我也将加强与同学和老师的交流合作，共同学习进步，提升团队协作能力。

这次微电子企业的参访实践是我人生中一段宝贵的经历，为我未来的学习和发展指明了方向。我将以此为契机，不断努力，为我国的集成电路产业贡献自己的一份力量。

◎ 马　冕

"芯"之路，心之路

　　今年暑假，我有幸参与了学部组织的暑期行业实践活动，参观了位于成都的一些国家重点芯片企业。在科技日新月异的今天，芯片作为高科技技术的核心组件，在诸多领域的重要性不言而喻。这次经历不仅让我亲眼见证了芯片从设计到生产的一些过程，还聆听到了行业专家对芯片领域现状和未来前景的深刻见解，更激发了我对未来工作领域的无限向往。这次参观实践活动，让我收获很多。

　　在参观这些企业时，负责人和行业专家为我们作了十分详细具体的分享报告。从芯片中微小的 CMOS 晶体管，到芯片在各类器件中的应用，再到数模电路的设计，这些分享使我对书本中所学到的知识有了更深刻的理解。同时，在分享中，行业专家进一步延伸讲解，将理论知识与实际情况结合起来，并带领我们在现场对相关内容进行实践应用，最终成功完成了一个课题，这极大地拓宽了我的思路。之后，在负责人的带领下，我们参观了企业所获得的诸多成绩与成就，并深入了解了一些芯片设计的过程。在参观过程中，我深刻体会到芯片行业是一个不断创新的领域，新技术、新材料、新工艺层出不穷。企业为了保持竞争力，需要不断投入研发，推动技术边界的拓展。这种持续创新的精神让我深受鼓舞，也让我意识到在未来的学习和工作中，保持好奇心和求知欲，勇于探索未知，是通往成功的重要途径。

由于我在这次实践中负责校友访谈的任务，所以有机会与多位来自不同企业、不同年龄的校友进行深入交流。学长们的精彩分享让我对未来的工作生活和当下的努力方向有了更加明确的认知。第一天，我与一位工作了五年多的学长进行了一些交流。在交流过程中，他生动讲述了自己工作五年的经历，诉说了自己对所从事工作的热爱，告诫我们要选择自己热爱的职业，并坚持下去。同时，这位学长着重强调了时间的重要性，这使我深有感触：一转眼，大学时光已经过去一半，我们一定要珍惜时间，在有限的时间里打好基础，明确自己未来的方向，并为之努力奋斗。此外，我还访谈了一位刚毕业不久的学长，他的话也让我深有体会。他提到，无论在工作还是学习中，一定要善于提出问题，不断提问是快速成长的有效路径。这位学长在刚入职时面临的任务很艰巨，由于在学校储备的知识较少，他需要学习的东西很多。但他没有退缩，充分发挥自己的主动性和积极性，在工作中不断学习，不断向前辈请教，最终实现了快速成长。

这次实践不仅让我在专业知识上有所提升，更启发了我对未来职业规划和科技发展的深入思考。我意识到，作为一名新时代的青年学子，我有责任也有能力为国家的科技进步贡献力量。未来，我将以更加饱满的热情投入到学习中去，努力掌握核心技术与行业前沿知识。同时，在与校友交流后，我也将积极关注行业动态与发展趋势，为未来的职业生涯做好充分准备。

◎ 刘 猛

集微成著，勇往直前

在本次杭州暑期专项实践活动中，我们探访了四家企业：海康威视、士兰微、联芸科技和加速科技。通过参加企业主管的报告会与交流活动，我们对国家半导体行业当前的企业状况与发展现状有了初步了解，同时也从行业专家那里收获了宝贵的经验与心得。我深刻地认识到，虽然目前国产集成电路依旧受制于国外，但国内已有大量企业涌现出来，为我国的半导体行业自主化发展贡献了巨大的力量。因此，我们这一代青年更应该继续关注并投入集成电路领域，进一步推动中国集成电路产业的壮大发展。

同时，我们也有幸参观了西电杭研院，聆听了丁瑞雪教授和刘贝教授的行业前沿报告，学习了更多先进技术，并对研究生毕业后的就业情况有了更深入的了解。这使我对研究生阶段的学习和生活充满了憧憬与信心。此外，我们还参观了西电杭研院的校史馆，对我校的红色历史有了更深刻的感悟与认识。

另外，最让我印象深刻且觉得有意义的就是校友访谈环节。在参观企业的过程中，我们有幸采访了几位前几届的学长，通过与他们的交流，我们更加感受到了近几年我国集成电路产业的蓬勃发展与广阔前景。同时，我们还向前辈们请教了在学习过程中遇到困难时的解决方式以及如何制订未来的学习规划。与学长的交流让我们感到非常亲切，他们在谈笑风生中给我们传授了许多宝贵的经验和实用的建议。

总的来说，这次杭州暑期实践让我受益匪浅。通过参观企业与听报告的方式，我对集成电路产业现状有了更清晰的认知，认识到集成电路产业作为信息技术的基础和核心，其发展水平直接关系到国家的综合国力和国际竞争力。作为一名未来的集成电路领域从业者，我需要更加明确自己的责任，坚定自己的使命，不断推动技术创新，为"中国芯"的崛起贡献自己的力量。同时，在这一过程中，我对未来有了更加开阔的视野，领悟了更多的学习方法和为人之道。我会把这次经历铭记于心，激励自己在未来的道路上不断前行，为中国集成电路产业的发展添砖加瓦，在未来的人生道路上开创出一番属于自己的天地。

◎ 陈小铭

砥砺奋进，做中国"芯"青年

西电"芯"青年"集成电路强国行"主题实践活动圆满落下了帷幕，此次活动让我对集成电路行业有了更深入的了解，同时也感受到了科技创新带来的无限魅力。回顾这段经历，我感慨万千。

此次参观，我们来到了杭州，走进了海康威视、士兰微电子、联芸科技、加速科技等企业。这些企业是中国集成电路产业的佼佼者，也是中国集成电路行业的巨大贡献者。走进企业，我们被先进的生产设备、严谨的研发流程以及充满激情的工作氛围深深吸引，深刻体会到了集成电路产业的复杂性和挑战性。同时，我们也感受到了企业对人才培养的重视和对创新的执着追求。在与企业相关人员的交流过程中，我们了解到企业对人才的需求非常迫切。目前，我国集成电路产业面临着人才短缺的问题，尤其是高端人才。为此，企业纷纷表示，希望与高校、科研院所加强合作，共同培养具备创新精神和实践能力的高素质人才。作为电子信息专业的一名学生，我深感责任重大，今后要更加努力学习，为我国集成电路产业的发展贡献自己的力量。

此次活动还设置了丰富的访谈环节。我们与校友及工程师等专家面对面交流，倾听了他们的心声和故事。校友们用亲身经历告诉我们，成功从来不是一蹴而就的，需要付出艰辛的努力和持之以恒的毅力；工程师们分享了他们在技术领域的探索与突破，让我们看到了创新的力量；而人力资源专家的见解则为我们未来的职业规划提供了宝贵的参考和指导。这些访谈不仅拓宽了我们的视野，更激发了我们对集成电路行业的热爱和向往。

展望未来，我们满怀信心和期待。我相信，在全体西电"芯"青年的共同努力下，我们一定能够勇担"芯"使命，共筑中国"芯"的辉煌未来。作为一名新时代的青年，我们要紧跟国家战略，立足本职工作，为实现我国集成电路产业高质量发展贡献自己的一份力量。

◎ 王盛远

"芯芯"之火，终将燎原

暑假期间，我有幸随集成电路学部来到美丽的杭州，参加为期三天的"集成电路强国行"主题实践活动。

作为一名集成电路设计与集成系统专业的学生，这次实践让我有机会深入了解了芯片行业的前沿动态，还参观了海康威视、联芸科技、加速科技、士兰微电子以及西安电子科技大学杭州研究院等知名企业和研究机构。在这里，我不仅聆听了行业专家的精彩讲座，还与在企业工作的校友进行了访谈交流，了解到了他们的学习、就业和创业经历。这段实践经历让我受益匪浅，感触良多。

初到杭州，扑面而来的是这座城市的现代化气息和浓厚的科技氛围。我们参观的第一站是海康威视，这是一家全球领先的视频监控产品供应企业。通过实地参观和讲座聆听，我了解了海康威视在芯片设计和应用方面的卓越成就，尤其是在 AI 芯片领域的突破。专家们详细介绍了公司在视频处理、图像识别等技术上的创新应用，让我深刻体会到芯片技术在智能安防领域的重要性。

接下来，我们参观了士兰微电子。作为国内知名的半导体企业，士兰微电子在模拟芯片和功率器件方面的技术优势让我印象深刻。在参观过程中，我们了解到士兰微电子在芯片制造工艺上的不断创新，以及这些创新成果在国内外市场上的广泛应用。公司工程师们的讲解不仅让我对模拟芯片和功率器件的设计与制造有了更全面的了解，也让我感受到了芯片行业的广阔前景。

第二天，我们参观了西安电子科技大学杭州研究院，这里汇聚了众多优秀的科研人才和丰富的科研资源。研究院的老师们为我们介绍了杭研院的发展现状以及未来规划，并分享了当今中国集成电路行业的发展态势。通过这次参观，我深刻体会到了中国芯片产业筚路蓝缕的艰辛，也更加坚定了自己在未来的学习和研究中不断追求卓越的决心。

接下来，我们参观了联芸科技，这是一家专注于存储控制芯片设计的企业。在这里，我见识到了高性能存储芯片的研发过程。联芸科技的工程师为我们展示了最新的存储控制技术，并分享了他们在解决技术难题中的经验和心得。这些宝贵的知识让我对存储芯片的复杂性和重要性有了更深的认识。

最后，我们来到了加速科技。在加速科技，我们有机会了解了高性能计算芯片的研发和应用。公司专家详细讲解了高性能计算在大数据处理、人工智能训练等领域的应用前景，并展示了他们最新研发的计算芯片。通过这次参观，我认识到了高性能计算芯片在推动科技进步中的关键作用，同时激发了我对这一领域的浓厚兴趣。

在实践过程中，我还与在这些企业工作的校友进行了深入交谈。他们分享了自己的学习、就业和创业经历，让我受益匪浅。校友们的奋斗故事让我明白了在学术和职业道路上坚持不懈的重要性，也让我更加坚定了在芯片设计领域不断努力的决心。

这次杭州之行虽然短暂，但带给我的启示和感动却将长久留存。这次经历不仅让我开阔了眼界，增长了见识，更让我对芯片行业有了更深的理解和热爱。在这座充满活力和希望的城市，我看到了未来的无限可能，也更加明确了自己的梦想和方向，感受到了作为一名集成电路设计与集成系统专业学生的责任和使命。在未来的学习和工作中，我将以更加饱满的热情和坚定的信念，投身于芯片设计的研究与创新之中，为推动科技进步和国家发展贡献自己的力量。

◎ 赖浩为

勇攀万仞高峰

我是来自西安电子科技大学集成电路学部集成电路设计与集成系统专业的学生赖浩为，很荣幸参与本次"集成电路强国行"主题实践活动。在企业和研究所的参观学习过程中，我对集成电路行业有了更加深入的了解。

本次实践，我们齐聚于这座充满活力与创新的城市——杭州，一个科技与人文交融之地。杭州不仅是浙江省的省会城市，更是中国集成电路产业的重要基地，孕育了致力于将物联感知、人工智能、大数据技术服务于千行百业的海康威视，专业从事集成电路以及半导体微电子相关产品的设计、生产与销售的士兰微电子，以数据管理、通用 IP、SOC 芯片为核心研发方向的联芸科技，将 FPGA 设计、高速通信技术、高性能数字信号处理技术、高精度模拟技术等应用于半导体测试领域的加速科技等领军企业。

集成电路是现代电子设备的核心部件，通过在半导体材料上集成大量电子元件，实现电路的微型化、高性能和低成本。这一技术是信息技术产业的基石，广泛应用于通信、计算机、消费电子、汽车电子等多个领域。随着 5G、人工智能、物联网等新兴技术的发展，集成电路行业迎来了新的增长点。中国集成电路行业在政策支持和市场需求的双重驱动下，正快速发展，技术创新能力不断提升，国产化进程显著加速，力求减少对外依赖，增强产业竞争力。

　　集成电路产业包括设计、制造、封装测试等多个环节，形成了一个完整的产业链。产业链上游包括半导体材料和生产设备，中游涵盖芯片设计、晶圆制造和封装测试，下游则连接到广泛的应用市场。近年来，中国集成电路产业取得了显著的成就，特别是在设计和封装测试领域。政府通过政策扶持和资金投入，有力地推动了产业技术创新和产能扩张。尽管面临国际竞争和技术壁垒，但国内企业正不断通过技术积累和市场开拓，逐步提升在全球产业链中的地位。随着国内外市场需求的持续增长，预计集成电路产业将继续保持快速发展的态势。

　　为了国家的发展，老一辈造"芯"人默默奉献，将青春献给了芯片事业。我们这一代人恰逢盛世，肩负着不可推卸的强国使命，更要站在前人的肩膀上，将这份精神和事业传承下去。我们会牢记党的教诲，矢志不渝地追求民族复兴的伟大梦想，不负韶华、不负时代、不负人民，力争创造出当代青年的最好成绩！

◎ 郏宣伦

持续探索，寻找契合自身的成长道路

我非常荣幸地参加了学部组织的"集成电路强国行"主题实践活动。此次活动我们来到了杭州，除了学习专业知识，通过与企业的接触，我们对微电子行业的发展有了新的认识，也对自己的未来有了更切实际的规划。

在此次实践过程中，我们参访了许多与集成电路方向密切相关的优秀企业，正因为有了此次近距离接触的机会，我们对这些企业各自的侧重点有了更好的理解。例如，海康威视十分注重电路设计的系统级架构，其在智能物联、人工智能等领域的相关产品既丰富又前沿；士兰微电子则是IDM模式（IDM指的是从设计、制造、封装测试到销售自有品牌IC的全流程半导体垂直整合）的代表，该企业不仅能够进行集成电路的设计，而且在半导体器件的研究以及制造方面也有很强的实力。弄清楚这些企业的侧重点，对我们以后的就业选择会有很大的帮助。

另外，通过这几天的实践经历，我们可以感受到，正如在一些企业工作的西电校友所言，以后若要从事集成电路的相关工作，不仅要具备良好的外语能力，还要具备扎实的自然科学理论基础和电路系统学科专业知识。外语水平的重要性不言而喻，因为我们需要阅读大量的外文文献。在这短短的几天中，我们深刻地体会到企业对于自然科学理论知识储备的迫切需求：无论是各种场合中的传感器，还是覆盖面极广的智能物联技术，都要求我们了解热学、光学、电磁学等物理基础知识。这让我们意识到，很多课程内容目前看上去似乎没用，但是将来某一天，可能会对工作产生启发与帮助。此外，校友们也一再强调，如果将来想从事集成电路设计的工作，在大学期间就要积极参加相关的项目和竞赛，锻炼自己的动手能力。

最后，通过这次主题实践活动，我们也了解了我国在半导体领域的发展现状。在半导体产业的发展中，各个领域相互关联，因此难以孤立地讨论具体某一领域的发展情况。但总体而言，我国在半导体制造工艺上与世界领先水平仍有较大差距，而制造水平的不足也制约了我国在数字集成电路方面的发展。本次活动让我们对国内集成电路行业的发展现状有了更深入的认识，有助于我们更好地将个人未来发展与国家需求相结合。

短暂地走出学校的大门，看看企业的前沿发展方向以及国家现阶段对人才的需求，能让我们以更加长远的眼光看待自己的专业，从而满怀热情地重新投入到学习之中。

◎ 贺 昌

坚定选择，看到更多可能

作为西电的一名学生，我有幸参与了学部组织的"集成电路强国行"主题实践活动。这次上海之行，对我来说是一次心灵的震撼，也是一次认知的飞跃。

在这四天的时间里，我们走访了多家企业及科研院所，聆听了六场技术报告，参加了九场校友访谈和资深工程师座谈，还参观了七个实验室与展厅。每一天的行程都安排得满满当当，我的内心也始终充满了激动与期待。因为我深刻地意识到，这些经历正在塑造我未来的职业生涯，为我打开一扇通往未知世界的大门。

在格科微电子，我看到了"以慢取胜"的创新格局。他们让世界看到了中国的创新力量，也让我看到了中国企业应有的风范与气度。我领悟到，创新不仅是速度的竞赛，更是一种深度的探索，是对品质的坚守。

赛微微电子让我感受到了其坚持正向设计、自主研发、自主创新的初心与追求。我开始思考，作为一名工程师，不仅要不断学习和实践，更要有对技术的热爱和对未知的探索精神。

苏试宜特则向我展示了集成电路产业供应链中"专家医院"的形象。我了解到，失效分析、可靠性分析等技术服务是集成电路产业发展中不可或缺的一环。这让我看到了自己在这一领域发展的可能性。

为旌科技的发展速度让我深感震撼。他们立足当下，开拓智慧视觉领域；同时，面向未来，引领智能驾驶潮流。我看到了一家企业的成长，也看到了自己未来可以为之奋斗的方向。

普冉科技的理念让我印象深刻。他们持续创新，追求卓越品质，与合作伙伴持久合作，始终信守承诺。我领悟到，一家企业的发展离不开坚持不断的创新，离不开对产品品质的严格把控，更离不开合作伙伴的紧密协作。

上海微系统与信息技术研究所让我感受到了前沿科技的技术魅力和科研成果实际转换的价值。我看到了科学家们的崇高精神，他们以国家需要为科研方向，凭借创新精神勇攀科研高峰。这次经历让我对科研工作有了更深的理解，对科研人员产生了由衷的敬仰之情。

这次主题实践活动，我看到了很多，也学到了很多。我亲眼见证了我国集成电路产业的强大实力，感受到了企业的创新精神和企业家精神，同时也明确了自己未来的发展方向。我深刻意识到，作为新时代的青年，我肩负着应有的担当和责任。我将以这次经历为新的起点，更加努力学习，更加积极实践，为实现我国集成电路产业的辉煌贡献自己的一份力量。

感谢这次主题实践活动，它让我更加坚定了内心的选择，也让我看到了自己未来的无限可能。我将牢记这次经历，继续在集成电路的道路上前行。我相信，只要坚持不懈，就能在这个领域找到属于自己的位置，实现个人价值。

◎ 阚镕辉

"芯"路之行，求知若渴

"青春有为，挺膺担当"，这句响亮的口号在上海集成电路行业代表企业前响起，彰显了西安电子科技大学集成电路学部"芯"青年敢担当、敢作为的决心。

通过一年的专业课学习，我已经对集成电路行业有了一定的了解，但心中仍有许多的疑惑：这个行业的岗位有哪些？目前行业的现状如何？未来的发展前景怎么样？我们应该如何选择今后所要从事的方向？抱着这样的疑问，我报名参加了学部组织的"集成电路强国行"主题实践活动，也很幸运地跟随团队一起来到上海，开启了我的求知之旅。

在为期四天的实践活动中，我参观了五家集成电路企业和一家研究所。在参观过程中，我充分了解了各家企业的主要产品和市场定位，从赛微微电子的电池管理芯片、电池安全芯片，到苏试宜特的失效分析、可靠性分析服务，再到为旌科技的智慧视觉、智能驾驶方向，我深刻感受到芯片已经涉及我们日常生活的方方面面。当前，人们愈来愈追求生活的智能化、高效化、便捷化，而这些智能化生活的实现离不开各式各样芯片的协同作用。未来，集成电路的市场将随着人们需求的增加而越来越大，集成电路行业依旧具有较大的发展潜力。

在参观中国科学院上海微系统与信息技术研究所时，我了解到了前沿科技的研究进程和科技成果的实际转换，见识到了研究所打造的集"前沿研究""成果转化""产品推出"三位一体的科研转化平台。

在与校友和企业 HR 的交流探讨后，我对集成电路行业的岗位分工有了更加清楚的认识。集成电路相关岗位大致可以分为设计岗、版图岗、软件开发岗以及应用工程师岗，每个岗位对应不同的职责。以我较为感兴趣的数字 IC 设计岗为例，数字 IC 设计大致可以分为架构、前端、验证、中端、后端等。架构岗主要负责芯片功能的定位，并制订出带宽设计和架构图；前端岗负责根据需求编写代码；验证岗负责确保验证设计符合规范预期；中端岗负责将软件转化为硬件；后端岗负责逻辑综合。通过校友和企业 HR 的讲解，我对集成电路行业岗位的认知提升了一个层次，对职业有了更加清晰的规划。

通过这次与众多校友及企业 HR 面对面座谈交流，并实地参观芯片设计制造实验室，我收获颇丰，不仅对行业有了更深的理解，心中的疑问也在这次活动中找到了答案。集成电路作为当今时代电子信息的基石，不仅服务于国家的战略需求，还与我们的日常生活息息相关。作为集成电路领域的"芯"青年，我们要聚焦国家和行业的发展需求，努力学习集成电路理论知识，做到理论与实践紧密结合，进而深耕于集成电路行业，让中国"芯"闻名世界。

◎ 王恩邦

以我辈"芯"青年，
筑盛世"芯"强国

在这四天的"集成电路强国行"上海线主题实践活动中，我们走访了格科微电子、赛微微电子、苏试宜特、上海为旌、普冉半导体、上海微系统与信息技术研究所等六家企业及研究机构。通过与企业高管、HR、技术人才以及我校优秀校友的交流，我对所学专业的行业背景以及产教融合的培养模式有了更加深入的了解。

集成电路行业面临重大挑战

近年来，我国大力支持集成电路相关产业的发展，许多企业取得了突破性的成果。然而，我国集成电路领域仍有部分核心技术受制于人，这种技术依赖使我国在面对国际贸易摩擦和地缘政治紧张局势时，集成电路供应链极易遭受冲击。因此，突破核心技术瓶颈，提升我国自主创新能力，是当前集成电路行业面临的一项重大挑战。

面对这一挑战，人才培养成为关键。虽然集成电路行业在我国政策的大力支持下高速发展，但高素质人才的增长速度远远跟不上行业发展的步伐。因此，如何培养高素质人才，成为相关高校亟须解决的难题。

西电大力推动"开拓融合"

张新亮校长多次强调，西安电子科技大学长期以来高度重视科教融合与产教融合的推进工作。此次上海之行便是我校集成电路学部大力推进科教融合、产教融合的重大举措，通过带领学生走进企业，为学生提供与企业高管、HR以及技术人员交流的机会，让学生了解书本理论与企业实践的差异。西电以"厚植强基，筑芯兴国"为初心使命，不仅要强化学生的基础知识，还要重视其科研实践能力。此次主题实践活动为同学们提供了大量的科研实践机会，为进一步推进产教融合开辟了新方向！

以教育促产业：产学研结合的探索

参观企业的过程中，我们深入了解了各家公司独特的工作环境和企业文化。每家公司的办公区都整洁有序，现代化的办公设备和舒适的工作氛围令人印象深刻。每家公司都设有专门的研发区域，并配备了先进的实验设备和完善的技术支持系统，为员工提供了良好的工作和科研条件。在这些企业中，我们感受到了创新与效率并重的工作节奏，员工们积极向上的工作态度和优秀的职业素养给我们留下了格外深刻的印象。通过这次参观，我们不仅看到了企业在硬件设施上的投入，更深刻理解了企业文化对提升员工士气和工作效率的重要性。

在参观研究所的过程中，我们走进上海微系统与信息技术研究所的各个实验室，目睹了前沿科技的研究过程。实验室内，科研人员们专注于各自的研究项目，精密的仪器设备和严谨的实验流程无不展示出科研工作的严肃性和专业性。研究人员详细地向我们介绍了他们正在进行的课题和研究进展，展示了当前集成电路领域的最新技术和未来发展趋势。通过与科研人员的互动交流，我们不仅学到了很多书本上没有的知识，还体会到了科研工作的艰辛和乐趣。

亲身体验：从访谈到感悟

此外，在与研究所工作的校友进行访谈交流时，他们向我们分享了从校园走向职场的心路历程和宝贵经验。他们的成功故事及对未来的展望，极大地鼓舞了我们，让我们更加坚定了投身集成电路事业的信心与决心。

这次参观与交流活动，不仅丰富了我们的专业知识，也开阔了我们的眼界。通过实地参观企业和研究所，我们更加明确了自己未来的职业发展方向，并对产教融合的培养模式有了更深的体会。我们相信，只有将理论与实践相结合，才能在未来的职业生涯中不断突破，取得更大的成就。

◎ 吴鸿德

集微起航，筑梦"芯"海

在这个充满挑战与机遇的暑期，我有幸作为西电"芯"青年的一员，参与了"集成电路强国行"主题实践活动，来到了上海。这次实践不仅是对集成电路行业的一次深入探索，更是一次心灵的洗礼和使命的觉醒。通过四天的紧密行程，我深刻体会到了攻克"卡脖子"技术难题、啃下"硬骨头"的责任感与使命感，也更加坚定了自己在科技创新前沿阵地贡献力量的决心。

实践中的学习与成长

走进集成电路设计、检测企业及科研院所，我们仿佛置身于一个个科技创新的殿堂。从格科微电子的影像整体解决方案，到赛微微电子的全系列电池管理芯片，再到苏试宜特的集成电路验证分析，每一家企业都以其独特的创新精神和技术实力，展现了中国集成电路产业的蓬勃生机。通过实地参观与交流，我们不仅对集成电路产业链有了全面的认识，更生发出对科技创新的无限向往。

特别值得一提的是，校友访谈和资深工程师的讲座让我们受益匪浅。他们分享的行业经验、技术见解以及对未来的展望，为我们这些在校学生提供了宝贵的参考和启示。通过与他们的互动，我更加清晰地认识到，作为新时代的"芯"青年，我们必须不断学习、勇于创新，才能在激烈的竞争中脱颖而出。

科学家精神的传承与弘扬

在上海微系统与信息技术研究所的参观学习中，我深刻感受到了科学家精神的伟大与崇高。无论是微系统所悠久的历史传承，还是科学家们在国家战略需求领域的突破贡献，都让我们深受感动和鼓舞。特别是在参观弘扬科学家精神教育基地时，那些为了国家科技进步而默默奉献的科学家的事迹，让我更加坚定了以"芯"报国的信念。我深知，作为一名"芯"青年，我们有责任也有能力去传承和弘扬这种精神，为国家的科技进步贡献自己的力量。

对未来的展望与规划

通过这次实践活动，我更加明确了自己的职业规划和人生目标。我意识到，在集成电路这个充满挑战与机遇的领域，需要具备扎实的专业知识、敏锐的洞察力和不懈的创新精神，还需要关注国家战略需求和市场发展趋势，积极投身到科技创新的实践中去。未来，我将以更加饱满的热情和更加坚定的信念，投身于集成电路事业中，为实现科技自立自强贡献自己的青春和力量。

总之，这次"集成电路强国行"主题实践活动是一次难忘的经历和宝贵的财富。它不仅让我对集成电路行业有了更加深入的了解，更让我的心灵得到了洗礼和升华。我相信，在未来的日子里，我将以更加坚定的步伐和更加昂扬的斗志，继续前行在科技创新的道路上，为实现中华民族伟大复兴的中国梦贡献自己的智慧和力量。

◎ 伍振涛

韬光而养晦，厚积而薄发

这次为期四天的上海线"集成电路强国行"主题实践，为我提供了一个非常宝贵的了解公司和研究所的机会。

"以慢取胜"，展现"企业君子之风"——格科微电子

"格物致知，盈科后进。"格科微电子令人印象最深刻的一点，是其始终能够保持"以慢取胜"。在这个内卷的时代，格科微电子能够静下心来做研发，通过不断的积累实现技术的厚积薄发。格科微电子自主研发的 12bit DAG 高动态技术，有效实现了动态与静态图像的逆光补偿；而 Sensor Shift OIS 动芯片光学防抖技术则让手抖不再成为拍照的烦恼。格科微电子独树一帜的作风宛如一股清流，正助力其朝着"成为受人尊敬的世界一流影像整体解决方案的提供商"的愿景稳步前行，不断"让世界看见中国创新，看见中国企业的君子之风"。

坚持"正向设计"，独立自主——赛微微电子

在一个面积并不算大的楼层里，赛微微电子却将电池和电源管理做到了世界一流的水平。许多公司为了在快速迭代的市场站稳脚跟，采用反向设计的方式，短时期内获取了很高的利润。然而，赛微微电子始终坚持正

向设计，以"自主研发、技术创新"作为公司的立足之本。通过和校友学长的交流，我深刻认识到：择业时不能把薪资作为唯一标准；在本科阶段，要注重学习的全过程，深入理解物理概念，而非仅掌握应试技巧；要始终保持求学者的姿态。

为芯片保驾护航的"专家医院"——苏试宜特

苏试宜特是一家"专业的半导体产业第三方实验室"。相关负责人幽默风趣的讲解让我了解到，在芯片检测工作中，针对不同芯片的情况，有不同的处理技术与手段。

苏试宜特被形象地比喻为集成电路产业链的"专家医院"，这一比喻使原本容易被人们忽视的检测工作离我们又更近了一步。贴近用户的苏试宜特，以"诚信"与"质量"为立足之本，力求为用户提供最精准、最专业的建议和服务。

"年少有为"——为旌科技和普冉半导体

和上面几家公司相比，为旌科技和普冉半导体虽然较为"年轻"，却都是所在领域的佼佼者。

为旌科技聚焦智能感知芯片的研发设计。在这里工作的校友细致耐心的讲解，让我对研发的前端、中端与后端有了进一步的理解。普冉半导体则在非易失性存储器芯片领域展现出巨大的发展潜力。

模拟方向的资深工程师以自己青年时期花钱去听器件课的经历，告诉我们要珍惜现在的学习机会，持续学习，勤于思考，做到学以致用；要明确自己的目标，制订长远的规划，并且不能只了解和自己专业相关的领域，要广泛涉猎。此外，西电毕业的李想校友也给出了宝贵建议，鼓励我们要多接受挑战以提升自己，要敢于突破一些限制。

瞄准国家战略所需、弘扬科学家精神的"老字号"科研院所

——中国科学院上海微系统与信息技术研究所

中国科学院上海微系统与信息技术研究所是一所拥有近百年历史的研究所。与其他机构最大的不同是，虽然该研究所面积不是很大，却专门为"弘扬科学家精神"做了一个展厅。讲解老师讲的有一点令我印象非常深刻：以前，有些科学家的研制成果非常出色，在他人的建议下才去申报奖项；而现阶段，有些科研工作者心态很浮躁，一有成果就急求包装，想着报奖，其实这样很不好。在我看来，从事半导体这个行业，一定要有深厚的家国情怀。内心怀揣这份家国情怀，会让我们的目标更加清晰、努力更有方向、前行更有动力。老师常教导我们，要多向老一辈科学家们学习。

研究所研究生部张腾蛟主任提出的"元认知"，是我之前从未了解过的新概念，它要求我们清楚自己是怎么学习的，为什么要学习，以及为了提升自己还需要学习什么，需要培养哪些方面的技能。

这次实践让我对半导体行业的认知更上了一层，似乎闭塞的消息通道一下被打通了。在今后的学习生活中，我会不断将此次实践获取的宝贵经验内化于心、外化于行，目光着眼于长远，找到属于自己的方向，不断努力，助力推动国家半导体行业的发展！

◎ 陈永智

追随"集微之光"

当今世界，科技革命正如火如荼地推进，信息通信技术、人工智能等前沿领域日新月异，对社会发展产生着深远影响。作为关系国家安全和经济发展全局的核心技术，集成电路无疑是科技创新的重要方向。近日，我有幸前往深圳几家知名集成电路企业参观实践，了解了中国芯片产业的崛起之路，对国家、学校乃至个人的未来发展都有了更深刻的认识。

从国家层面来看，集成电路作为"核心零件"，在信息时代扮演着举足轻重的角色。长期以来，我国在这一领域一直依赖进口，存在着严重的技术和产品供给缺口。但随着国家对集成电路产业的高度重视，持续出台扶持政策，加大研发投入，我国芯片产业正呈现出蓬勃发展的态势。近年来，一大批自主品牌芯片相继问世，在性能和可靠性上已能与国外顶尖产品相媲美，有力推动了"中国制造"向"中国创造"的转变。通过这次实践，我深刻感受到集成电路作为信息化时代的"神经中枢"，其发展对国家工业体系的升级、社会经济的转型具有关键意义。只有持续加大投入，推动产学研深度融合，我国才能在这一关键赛道上实现弯道超车，为实现中华民族伟大复兴提供有力支撑。

从学校层面来看，集成电路作为一门综合性极强的学科，既要求学生具备扎实的基础理论知识，又强调其灵活的动手实践能力。通过此次参观，我切身感受到了集成电路产业对高素质人才的迫切需求。一方面，企业正大幅提升自动化水平，对具备电子、材料、机械等跨学科知识的复合型人才需求日益增加；另一方面，随着人工智能、大数据等新技术的广泛应用，企业更加重视员工的创新思维和动手能力。因此，学校应该与企业建立更加紧密的联系，注重理论与实践的深度融合，培养具备全面专业素养和创新精神的学生，为集成电路产业输送更多优秀的"芯"力量。

从个人层面来看，集成电路作为一个高科技前沿领域，不仅蕴含着广阔的发展空间，也对从业者提出了更高的要求。通过此次实践，我深刻认识到，只有保持对新知识、新技术的强烈好奇心和求知欲，主动拓宽专业视野，不断充实自己，才能在这个瞬息万变的行业中脱颖而出。同时，集成电路产业链条长、涉及领域广，从业者需要具备跨学科整合能力，善于从全局出发，站在宏观角度思考问题。此外，创新精神和团队协作能力也是能否成功的关键。我将珍惜此次宝贵的实践经历，在今后的学习和工作中，秉持"爱国、创新、奋斗"的价值追求，为实现中华民族伟大复兴贡献自己的力量。

此次参观让我对集成电路企业的创新发展有了更加深入的了解。作为一名集成电路学部的学生，我将以饱满的工作热情和积极主动的学习态度，为未来的芯片事业技术创新和产品升级贡献自己的力量，为实现我国集成电路产业的高质量发展而努力奋斗。未来，我将以更加昂扬的斗志，致力于推动中国芯片产业的发展，用青春和汗水书写属于自己的"集微之光"。

◎ 杜 越

"芯"怀使命，重任在肩

这次"集成电路强国行"主题实践的意义究竟何在？我觉得是教会了我们如何做个掌舵人——找到中国芯片的发展方向，探索大学教育的改革方向，明确芯片专业学生的就业方向。

从国家到学校再到个人，这三个层面虽然越来越微观，但我们的方向却越来越明确。

在这里，我只谈谈自己的理解，针对我们国家而言，芯片产业的痛点究竟在哪里。在走访了深圳的四家企业之后，我发现芯片行业已构成一条庞大的产业链，从设计到制造，再到封装测试，每个环节几乎都是由不同的公司完成的。而我国在这条产业链上最薄弱的环节，就在于设计和制造。

在设计方面，国内缺乏先进的 EDA 软件和优质 IP 资源；在制造方面，机器设备尤为落后。这些方面，国内外差距明显，显然不是两三年就可以超越的。然而，在这两天的参观学习中，我仿佛置身于一个充满活力与创新的世界，每一步都踏在科技与梦想的交汇点上。

走进电巢科技，我第一感觉就像是来到了一个专为半导体工程师打造的学习中心。这里的氛围既接地气又充满科技感，墙上的 LED 显示屏展示着他们精心打造的元宇宙世界。在讲座中，讲师们直接明了地介绍了电巢科技的特色——从国产化的 EDA 软件，到公司的发展现状，再到他们与高校的紧密合作，整个过程没有过多的语言修饰。同时，我们还看到了电巢科技先进的线上课程直播平台，这让我感受到电巢科技是真心实意地为工程师们着想，帮他们解决实际问题。另外，我还了解到，电巢科技经常组织各种交流活动，让工程师们有机会面对面交流经验，这让我觉得很实用，因为学习不仅仅局限于看书听课，更重要的是交流和分享。

辉芒微电子给我的第一印象是"专业"。从他们整洁的实验室到精密的测试设备，一切都显得那么专业、务实。在讲座中，一位毕业于西电的老学长介绍了他们的主打产品——MCU 芯片，以及他们在 EEPROM 和 PMIC 领域的研发成果。他没有华丽的辞藻，只是用数据说话，直观地展示了产品的性能和优势。这让我对辉芒微电子的技术实力有了更深刻的认识。同时，我也了解到辉芒微电子非常注重员工的培养和发展。他们为年轻工程师提供了很多实践机会，使其在工作中不断学习和成长。这种务实的做法让我非常看好辉芒微电子的未来发展。

踏入润鹏半导体的在建厂区，我瞬间被其宏大的规模和精细的工艺所震撼。高耸的厂房、复杂的生产线、精密的仪器……一切都显得那么高端和先进。在厂区内，一位老工程师为我们详细介绍了半导体芯片的制造流程，从原材料的选择到成品的封装测试，每一个步骤都充满了科技含量和操作技巧。我深刻体会到，半导体产业不仅仅是一个高科技领域，更是一个需要从业者具备耐心、细致的工作作风以及精益求精精神的行业。我暗暗下定决心，要学习这种工匠精神，努力提升自己的专业素养和实践能力。

在辰卓科技的参观过程中，我感受到了一种浓厚的创新氛围。公司不仅拥有先进的检测设备和技术团队，还非常注重与客户的沟通与合作。在讲座上，一位销售经理介绍了公司的发展历程和主打产品。我听着他的讲述，恍惚间仿佛自己也成了辰卓科技团队的一员，与他们并肩作战，一起攻克难关、创造价值。在之后的访谈过程中，我们小组遇到了一位来自齐齐哈尔大学电子工程领域的前辈，他给我们讲述了自己在大学期间和工作之后领悟的道理，让我们受益匪浅。这次辰卓科技的参观之旅让我意识到，作为一名未来的集成电路工程师，不仅要具备扎实的专业知识和技术能力，还要学会与人沟通、合作，掌握解决问题的能力。只有这样，才能在未来的职场中立于不败之地。

通过这次参观学习，我深刻感受到了科技的力量和创新的魅力，更加坚定了自己投身半导体工程领域的决心和信心，也明白了要想在这个领域有所成就，必须脚踏实地、不断学习和努力。我相信，在未来的日子里，我会带着这份感悟和动力，在科技的道路上继续前行，为实现自己的梦想和国家的科技创新贡献自己的一份绵薄之力。

◎ 黄奕铭

夯实根基，稳驭征途

在为期两天的深圳线"集成电路强国行"主题实践活动中，我们参观了四家企业——电巢科技、辉芒微电子、润鹏半导体以及辰卓科技。尽管我对很多专业性的名词仍感到陌生，但是依旧收获满满。

电巢科技，其前身为国内的"EDA365 电子社区"，服务于中国电子信息产业十六载，涉及人才培养与认证、数字营销、行业直播等诸多领域，是电子产业链的一站式数字化服务平台。在参观过程中，相关技术人员与我们分享了如何做好硬件开发，如何在面试中脱颖而出等内容。最后，我们很荣幸地与电巢科技的董事长进行了交流，他给予了我们更多的建议与鼓励，让我受益匪浅。

辉芒微电子，一家定位于"MCU+"的平台型芯片设计企业，是国内少数同时具备微控制器芯片、电源管理芯片和存储芯片设计能力，且拥有大规模量产经验的 IC 设计企业。值得一提的是，它还是国内少数具备半导体器件和工艺独立开发能力的 IC 设计企业之一。在工程师的介绍下，我对不同的岗位有了更多的了解，比如数字 IC 工程师、模拟 IC 工程师以及一些关于测试的岗位等。我们还在校友的带领下，参观了晶圆生产线和其他设备。通过与校友的访谈，我了解到他当时的大学生活，收获了更多知识，受到了更多勉励。

润鹏半导体，作为华润集团旗下的一家子公司，主要经营集成电路设计、芯片及产品制造与销售等业务。在工作人员的指导下，我们穿上净化服进入了生产流水线。我感叹于生产线上大大小小的设备，感叹于不同空间对光的要求，不禁畅想，日后必将出现更加便捷的机械化生产模式。同时，我也对那些全身封闭在净化服内，却依然坚守岗位、默默奉献的工作人员表示由衷的敬意。之后，企业的工程师就半导体行业的发展向我们进行了科普讲解，并与我们分享了润鹏半导体与西电的紧密联系。

辰卓科技，一家专注于半导体检测技术创新的国家级高新技术企业。在这里，我对半导体检测技术有了更深入的了解：知道了各种各样的检测设备，认识到中国企业在该领域取得的成果，以及检测技术在半导体产业中举足轻重的地位等。在与该公司FPGA工程师的访谈中，我不仅了解了FPGA的相关知识，还知道了更多岗位的具体内容。同时，他也给予了我们极大的鼓励。

两天的深圳之行，让我更深刻地体会到了"懂的越多，不懂的就越多"这句话的含义，也让我对"国产化替代"有了更加坚定的信心和决心。"青春有为，挺膺担当"，这次社会实践为我指明了前行的方向，相信未来的我一定能为中国的集成电路产业贡献自己的一份力量！

◎ 孙心怡

不忘初"芯"，脚踏实地

2024 年 7 月 10 日，我与西电集成电路学部的同学们一起，踏上了前往深圳的筑梦之旅。

本次实践中，我们走访了四家企业，从校园走向社会，从理论迈向实践，我获得了许多前所未有的体验，感触颇多。

7 月 10 日上午，我们前往电巢科技。电巢科技是一家专注于硬件平台的公司，他们有一个属于自己的硬件论坛。我搜索了这个论坛，发现很多硬件工程师都在上面交流各自遇到的问题，这个论坛堪称硬件工程师的"CSDN"和"知乎"。在电巢科技，我们听了高级硬件讲师周达老师的分享，学习如何成为一名合格的硬件工程师，之后又听了老板的创业分享。通过两次分享，我明白了要成为一名全方位的人才，必须树立终生学习的理念，同时也对硬件工程师的工作流程有了一定了解。

7 月 10 日下午，我们参观辉芒微电子。辉芒微是一家典型的设计公司，规模适中。在辉芒微，我们接触到了芯片设计的许多岗位，如模拟设计工程师、数字设计工程师、版图工程师、嵌入式工程师以及测试工程师等。我原本以为，设计工作只有研究生才能胜任。经过这次走访，我了解到，无论本科生还是研究生，都是芯片行业需要的技术人才。

7 月 11 日上午，我们去了润鹏微电子，这是一家晶圆制造企业。在润鹏，我们第一次接触到了工艺课上所学的工艺流程，见到了超净间里各种规模庞大的工艺设备，令人震撼。同时，我们还与一位北大博士及一位西电校友进行了座谈，他们都是工艺整合工程师。在座谈中，我们了解了晶圆制造企业所需要的各种岗位，如工艺整合工程师、光刻工程师、刻蚀工程师等，以及这些岗位所需要的专业技能。

7 月 11 日下午，我们到了辰卓科技，这是一家研发测试机设备的企业，他们致力于研发能够替代进口设备的国产测试机。辰卓科技为我们安排了五位工程师接受采访，在这次交流中，我第一次接触了芯片行业的非技术人员——销售工程师。接受采访的是一位从业多年的技术销售精英，通过与他的访谈，我不仅开阔了眼界，还意识到非技术人员在芯片行业中同样扮演着举足轻重的角色。同时，我也学习了很多结构化的销售思维，加深了自己对于 ToB 销售的理解。

本次实践活动，我们从设计、生产、销售三个环节，全方位地了解了整个芯片行业，对各个工作岗位有了更深入的认识，进一步明确了自己的就业方向。我看到了很多前辈在微电子行业的各个领域默默耕耘，贡献力量，中国半导体产业的发展道路正是他们一步一个脚印走出来的，令人敬佩。

◎ 王宇翔

挺膺担当，以"芯"报国

青春筑梦，挺膺担当。2024 年 7 月 9 日，我来到了我国改革开放的最前沿城市——深圳市，参加了为期两天的暑期社会实践。在学部的带领下，我们一行人先后前往电巢科技、辉芒微电子、润鹏半导体以及辰卓科技四家企业，进行实地参观探访和学习交流。通过这次实践，我深入了解了半导体芯片产业的制造、测试等一系列生产过程，对半导体芯片企业有了初步的认知，也对半导体芯片产业有了更深的理解。这次实践还让我对未来的发展之路有了进一步规划，可以说是收获颇丰。

炎热的盛夏难挡我们参观调研的热情。7 月 10 日一大早，我们便整装出发，来到了深圳市电巢科技有限公司。负责接待我们的工作人员首先向我们展示了公司的"元宇宙"平台，通过 AI 技术，让我们直观了解了电巢科技的发展历程，以及公司在各个领域的业务布局等情况。随后，在工作人员的带领下，我们简单地参观了公司的工作环境。在之后的研讨会上，电巢科技的三位老师分别向我们介绍了半导体行业的现状、电巢科技的相关业务领域和招聘标准等，让我们对行业行情有了初步的了解。最后，电巢科技的柳总向我们讲述了创新的重要性，并指出我们身为大学生应该具备的技能和能力，还进一步介绍了电巢科技的"元宇宙"平台。这让我更加认识到，我所学习的专业具有巨大的市场潜力。

7月10日下午，我们前往辉芒微电子。在听完汇报后，我们走进辉芒微电子的芯片测试工作间。工作人员向我们一一介绍了各种测试仪器，并展示了两块大的晶圆。通过显微镜，我看到了晶圆经过扎针测试后的结果，不禁感叹，如此方寸之间竟有这么大的工作施展空间。

7月11日，我们走进了润鹏半导体的生产线，这是我第一次踏入工厂车间。严密的安保措施和多重防污染程序，让我对这次参访肃然起敬。车间内，许多高精尖仪器我都是第一次听说，第一次见到，这大大地拓宽了我的眼界。

最后一站，我们来到了辰卓科技。这家成立于2013年的公司自创立以来，一直秉持着自主创新的研发精神，从第一台摄像头测试机到后来的各种大型测试机，以及SoC测试等，都见证了辰卓科技一步一步成长的足迹。在随后对销售工程师Jeff的采访中，他结合自身的经验，向我们分享了销售方面的技巧以及需要培养的能力等。他特别提到，我们要始终保持阳光、开朗、大大方方的姿态，在以后的工作生活中不要过于随意，但也不可过于拘谨。他还向我们展示了他的工作笔记，讲述了特长和爱好的不同及其对我们的重要意义。一番交流以后，我们深受震撼与鼓舞，对未来充满了信心和奋斗的动力。

这次参访让我深刻认识到了自己肩负的责任和使命。在当今科技飞速发展的时代，半导体芯片技术作为国家战略发展的重点领域，需要大量的专业人才投身其中。我深知，只有不断学习并掌握先进的科学知识和技术，提高自己的综合素质与创新能力，才能在未来的工作中为我国半导体芯片产业的发展贡献一份力量。

◎ 施云瀚

以汗奋斗逐红"芯"，
以梦祛魅开新"片"

　　本科生涯已经过去一半了，虽然我选择了微电子科学与工程专业，可是对于什么是微电子、微电子当下发展如何，微电子的未来前景又怎样等问题，并没有清晰的答案。不过，在这次暑期实践中，我与许多微电子行业的前辈们进行了交流，他们不仅解答了我内心的困惑，而且更加坚定了我对微电子行业的信心。

　　我们首先来到了天津的飞腾公司，在这家公司，讲解员为我们阐述了"什么是微电子"。她讲道："微电子技术是电子技术的分支，主要研究作用于半导体材料上的微小型集成电路系统，其技术关键在于集成电路的工作方式及如何制造和应用。我们的目标就是让微电子更微，让集成电路更集成。"飞腾公司成立十年来，在 CPU 设计、国产芯片等领域均作出了杰出的贡献。讲解员还说："近几年，我们在芯片领域被外国公司'卡脖子'，深刻意识到自主可控的重要性。因此，国家大力支持芯片产业'国产化'。如今，我们的芯片产业迅猛发展，虽然与国际先进技术还有一定的差距，但我相信，终有一天，我们能赶上国际先进水平。"

　　离开飞腾公司，我们来到了天津光电集团。在这里，我们受到了热情接待，我也有幸与两位来自西电的前辈进行了交流。两位校友都已经在光电集团工作了几十年，有着丰富的工作经验。我向两位校友提出了自己的疑惑："我们本科生在校所学的知识与企业实际需要之间有何异同？"针对这一问题，其中一位校友——刘新凤厂长，给出了耐心细致的回答："在企业工作与在校学习还是不同的，我们不单单要学习课本内的知识，还要提升自己的综合能力。"她稍作停顿，接着说道："什么是综合能力？不仅仅是停留在会做题上，还要提升自己的其他能力，比如，学习使用先进软件的能力，以及与他人交流沟通的能力。我们总说'学到老，活到老'，别看我们已经工作几十年了，但还是要学习新技术啊！"

刘厂长的一番话，点醒了只会停留在书本学习的我。纸上得来终觉浅，绝知此事要躬行。要想成为企业所需的高水平人才，就不能故步自封，而要紧跟行业前沿，不断提升自己的能力。

之后，我们一行人前往石家庄，分别参观了中电科13所、54所及河北新华北集成电路有限公司，了解到了微电子领域在民用以及军工方面的应用。在访谈会上，学长与我们探讨了微电子领域的就业现状与发展前景。学长说："目前，我们这个行业发展迅速，但我们也应该思考'过快的发展'是否正常。举个简单的例子，近年来同样热门的计算机专业，为什么现在越来越难就业？我认为根本原因还是发展过快，导致发展偏向畸形了。现在所谓'互联网的寒冬'，只不过是回归正常发展的一个阶段。我们这一行近几年虽然也有停滞的迹象，但总体看来，前景还是不错的。"

学长的解答如拨云见日，让我对微电子领域的应用以及发展前景有了大致的认识。同时，我的内心也少了些许忧虑，不再担心自己毕业之后就业困难。

从新华北出来时，一道亮光刺破了阴沉沉的天空，队友们指着天空喊道："太阳出来了！"这阴晴变化和我的内心变化很相似，从开始的迷茫，到实践结束后内心的敞亮。虽然正值酷暑，额头冒出了些许汗水，但我并未感到烦躁。坐在返程的车里，望向窗外，两天半的实践经历似乎在渐渐远去，却又深深刻在我的心里。

　　临走前，学长和前辈们的嘱托让我久久不能忘怀："我们干这行的，不能只看到'薪'。要为了'芯'，更要无愧于'心'啊！"

◎ 高鑫帅

初"芯"不改，不忘使命

　　集成电路行业正处在一个充满挑战和机遇的时代，一代代"微电人"不卑不亢、奋力拼搏，不忘初心、不辱使命，始终站在祖国集成电路行业的最前沿，攻坚克难。今年夏天，我有幸参加了学部组织的"集成电路强国行"主题实践活动，前往石家庄和天津的多家尖端企业及国家重点研究所进行调研、访谈与实践。这次宝贵的实践活动让我们走出课堂，面向更加实际、前沿的工程项目，进行了深入实践，也让我们对当前集成电路行业的状况有了更加充分的了解。

　　在走访了众多企业之后，我们深刻体会到芯片产业是一条复杂且庞大的产业链。从设计、制造到封装测试，几乎每一个环节都是由不同的公司来完成的。然而，在这条产业链中，我国最薄弱的环节正是设计与制造，这也是当下大家急于攻克的关键难题。在听研究所对当前国内芯片产业发展情况的介绍时，我们了解到，国内企业普遍缺乏高效的电子设计自动化软件和可复用的知识产权。这些工具和资源不仅是芯片设计的基础，更是推动产业进步的关键。当前，许多企业仍依赖国外的成熟工具，这无疑制约了我国芯片设计的创新能力。而在制造环节，我们的设备水平相对落后。尽管我们在某些领域已取得了喜人的进展，但与国际先进水平相比，仍存在不小的差距。设备的更新换代和技术的持续突破，都是一个漫长而艰巨的过程。这些痛点的存在，警示我们必须付出更多的努力，才能实现追赶与超越。如此微小的芯片之中，蕴藏着数亿的晶体管，它是现代电子产业的瑰宝。电路集成化同样是所有电子设备发展的必然趋势，不论是商用还是军用，都有着重大意义。因此，中国芯片的发展是国家未来发展的关键因素之一。

在芯片产业的发展中，我们应该明确未来的职业方向。无论是进入设计、制造还是测试领域，都需要我们具备扎实的基础知识和卓越的创新能力。通过这次实践，我对自己未来的职业规划有了更清晰的认识，决心在芯片设计与制造领域深耕细作。

了解了当前中国集成电路行业的发展现状，我深感肩上的责任与使命重大。作为未来的科技工作者，我们肩负着推动国家芯片产业持续发展的重任。初"芯"不改，不忘使命，是我在这次实践中的深切体会。展望未来，我希望能够参与到国家的芯片战略中去，不论是技术创新、行业发展还是政策推动，我都愿意贡献自己的力量。我相信，只有将个人的发展与国家的需求相结合，才能实现真正的价值。这次实践让我意识到，芯片产业的发展绝非一人之力可为，而是需要团队共同努力。未来的路途充满挑战，但我不会退缩。我们要继续探索，不断学习，成为推动中国芯片产业前进的力量。

这次暑期社会实践，让我对国家的芯片产业有了更深刻的理解。面对设计与制造的短板，我们要勇敢承担起自己的使命，为推动芯片产业的发展贡献力量。在未来的学习和工作中，我将继续保持初"芯"，不忘使命。

◎ 梁田刘子

方寸之"芯"显乾坤

"一玉口中国，一瓦顶成家，都说国很大，其实一个家。一心装满国，一手撑起家。家是最小国，国是千万家。"每当听到《国家》这首动听的歌曲时，我的心里总会涌起阵阵暖流。

今年暑假，我有幸参加了一次行业社会实践活动。这次经历让我认识到，尽管芯片只有方寸大小，却属专精特新，实乃国之重器。在这次实践中，中电科13所和54所给我留下了尤为深刻的印象。

在参观过程中，我目睹了半导体芯片的制造过程。从原材料的提纯开始，到晶圆的生长、光刻、蚀刻、封装等，每一个环节都充满了高科技的魅力和智慧的光芒。这些看似简单的步骤，实际上需要极高的技术水平和严谨的操作流程。西电校友高学长向我们讲道："目前我国半导体产业尚有多个重要环节处于发展初期，特别是第三代半导体领域，还需持续发力。不过，我们作为一个能源大国，未来在功率半导体产业上的发展空间巨大。特别是以碳化硅为代表的第三代半导体，以其节能降耗、经济效益明显的特点，必将在市场应用领域创造出更大的社会价值，并拓展出更为广阔的市场空间。"

来自五湖四海、胸怀报国之志的人们汇聚在石家庄这座"创新之城"，围绕一块又薄又小却分量十足的芯片，共同编织着属于他们的科技梦想，开创着充满希望的全新未来。在科研团队的共同努力下，研究所不断取得新的科研成果和技术突破，为国家的科技进步和产业发展作出了重要贡献。同时，研究所还注重科研环境的营造和科研设施的完善，为科研人员提供了良好的科研条件与工作环境。这种对科研事业的投入和支持，让我更加坚定了要投身科技事业、制造中国"芯"的决心。

科技创新对于国家发展和民族振兴的重要性不言而喻。半导体技术作为现代科技产业的核心之一，其发展水平和创新能力直接关系到国家的科技实力和竞争力。在当今这个日新月异的时代，唯有不断推动科技创新，加强科技人才的培养和引进，完善科技创新体系和政策环境，才能持续提升国家的科技实力和综合国力。因此，作为一名西电学子，我深感自己所肩负的责任与使命重大。

追梦人从不惧山高水长，奋斗者总是向往新的高峰。千千万万的科研工作者在岗位上十年如一日默默无闻地奉献着，他们甘于吃苦、乐于吃苦、把吃苦当作自己生活的一部分，只因他们心中有方向，脚下有力量。在新时代的伟大征程上，作为西电青年，我们应以他们为榜样，自觉践行科学家精神，大力弘扬"以身许国，何事不可为"的担当精神，激发"敢为天下先"的创造豪情，勇立潮头、锐意进取，为实现中华民族伟大复兴贡献力量。

◎ 赵函葳

"芯"事业，"芯"未来

在这次奔赴石家庄、天津的实践活动中，我对微电子行业的发展现状、历史背景以及作为一名微电子人所需要的综合能力，还有身处这个时代洪流中所需要承担的义务与责任，有了更深的认识和感想。

我国的微电子行业自始至终都流淌着红色的血脉。天津广电集团起源于两航起义，中电科 54 所更是与西电有着深厚的渊源，其历史可以追溯到长征路上的半部电台。它们肩负祖国的希望而建立，如今更是不断为我国的国防事业贡献力量。与此同时，专注于半导体基础研究的中电科 13 所，以及致力于 CPU 研发的飞腾公司等，都在各自的领域发光发热，力图解决我国在科技路上的"卡脖子"难题。

同样，西电也在微电子领域深耕多年，校友遍及整个行业。在中电科 13 所中，西电校友更是占到 1/7，是实打实的"行业基石"。作为一名西电学生，我同样希望能够如诸多前辈那样，为我国的微电子事业发挥出自己的力量。

在采访中，当被问及从事微电子行业需要掌握的知识及重要能力时，各研究所和企业的 HR 以及不同岗位上的前辈都提到了学习能力、英语能力以及课内基础知识的重要性。对于基础知识，虽然课内所学大多是十年甚至二十年前的技术和结构，但是这些知识之所以能被留在课本中，正是因为其经典和泛用。许多当前的先进技术都是建立在这些基础知识之上的，例如模电中的基本放大器结构等。只有把这些基础知识掌握扎实了，才能进行更高层级知识的学习。至于英语，其在科研领域的重要性不言而喻，尤其是读写能力。因为英语是国际通用语言，阅读最前沿技术的英文文献是工作中不可缺少的一部分，因此，除了必要的四六级考试，我们平时还可以通过阅读一些英文学术文献来锻炼和提升阅读能力。最后，学习能力是所有前辈都提到的并认为最重要的能力。在工作中，几乎每个项目都会涉及新的技术或挑战，所以，从业人员需要不断学习，这也是企业在招聘时最看重的能力。

对于当今微电子行业的发展现状，虽然目前中国在高端芯片制造领域仍存在不足，但是整个行业正在健康发展。尽管当前社会经济仍未达到高度繁荣，但是作为实体制造行业中高科技的代表，微电子行业已经走出低谷，正逐步复苏。我们相信，中国微电子行业会继续蓬勃发展、积极进取、不断进步。

我从来没有想到，在不知不觉间，我们已经前进了这么远。实际上，虽然我们仍未摆脱被"卡脖子"的困境，但是在芯片及相关领域的科学技术上，我们已经默默走了很远。各个研究所、企业以及无数微电子人都在肩负着自己的责任，砥砺前行。我看到各个研究所展示的许多成果和产品中，很多已经应用于日常生活，而我们往往对背后的贡献者一无所知。这让我更加深刻地理解了"功成不必在我，功成必定有我"的深意，也让我对中国微电子人勠力同心突破封锁有了更加坚定的信心。我希望自己将来也能成为这样的奉献者。

◎ 贾尉然

怀揣梦想，努力拼搏

在这个炎热的暑假，我有幸参加了学部组织的"集成电路强国行"主题实践活动。在三天的时间里，我与十几位同学一起，参观了天津和石家庄的多家研究所和知名企业。这次暑期实践活动，不仅让我对集成电路行业有了更深入的了解，还在我心中种下了一颗为祖国未来而奋斗的种子。

我们首先来到了天津的飞腾信息技术有限公司和光电集团。在这里，我看到了国产芯片研发的前沿成果，感受到了科技工作者们为打破国外技术封锁所付出的艰辛努力。他们对质量的严格把控和对创新的不懈追求，让我明白了在集成电路这个领域，只有不断进步才能立于不败之地。

随后，我们前往石家庄，参观了中电科 54 所、13 所和河北新华北集成电路有限公司。这些研究所和企业在解决国家"卡脖子"技术问题上发挥着至关重要的作用。在与企业工作人员的交流中，我了解到他们所面临的巨大挑战以及克服困难的坚定决心。他们为了国家的科技发展，默默奉献、日夜攻坚，这种精神深深地打动了我。

通过这次实践，我清晰地认识到了集成电路行业的发展现状和广阔前景。在全球科技竞争日益激烈的今天，集成电路作为核心技术，对于国家的发展具有举足轻重的作用。我国在这一领域虽然已经取得了一定的成绩，但与国际先进水平相比仍有差距，还有许多关键技术亟待突破。这让我意识到自己肩负的责任重大，也更加坚定了我在这个专业领域努力学习的决心。

同时，这次实践也让我的爱国主义情怀愈发深厚。这些企业的科技工作者们，为了国家的利益，放弃了舒适的生活和高薪的诱惑，扎根在科研一线，为实现国家科技自立自强而默默奉献。他们的奉献精神让我明白，个人的价值只有在为国家和民族的发展作出贡献时，才能得到最大的体现。

作为一名即将升入大三的集成电路专业学生，这次实践活动让我对未来有了更加明确的规划。我深知自己还有很多知识需要学习，很多技能需要掌握。在今后的学习中，我将以更加饱满的热情、更加严谨的态度，努力提升自己的专业素养。我会珍惜大学时光，充分利用学校的资源，不断充实自己，为将来投身国家的集成电路事业做好准备。

我相信，只要我们每一位西电"芯"青年都怀揣梦想，努力拼搏，就一定能为祖国的集成电路行业发展贡献自己的力量，让中国在科技领域实现更大的突破，迈向更加辉煌的明天！

◎ 刘新宇

脚踏实地，勇攀高峰

今年暑假，我有幸参加了学部组织的"集成电路强国行"主题实践活动，此次实践活动加深了我对微电子产业的认识。

在苏州，我亲眼见证了这座城市对集成电路企业的支持，许多企业在这里都得到了很好的发展。海光信息技术股份有限公司作为其中的佼佼者，其研发设计的 CPU 与 DCU 在国内处于领先地位，特别是其高端处理器，已成为现代信息系统设备中的核心部件，在大规模数据处理、复杂任务调度和逻辑运算等方面发挥着不可替代的作用。睿芯科技公司也在开拓新领域，他们基于 RISC-V 架构的芯片研发取得了很大的成功，国产芯片正在以一种势不可当的劲头崛起。

本次活动还让我对集成电路产业链有了初步了解。我们参观了苏州矩阵光电与英诺赛科两家 IDM 全产业链企业，这两家公司集芯片设计、制造、封装和测试于一体，可以掌控芯片生产的整个流程。矩阵光电主要研发以第二代半导体 GaAs、InP 为主的传感器，英诺赛科主要研发生产以 GaN 为主的第三代半导体，两家公司在各自领域都取得了显著的成就。在国家的大力支持和研发人员的不懈努力下，我相信我国的半导体产业一定会越来越好。

在江苏第三代半导体产业园，我们聆听了王建峰教授关于 GaN 第三代半导体发展的报告。这群研发人员深耕技术，钻研学问，为了国家集成电路产业的发展，不计个人得失，全力以赴，共同应对集成电路领域的严峻挑战。这一点深深地触动了我。他们的坚持和努力，最终迎来了企业和自身的发展成就。

在此，我想对自己及千千万万的学子们说："脚踏实地、深耕学问，将国家发展与民族复兴的使命牢牢扛在自己肩上，不畏艰险，勇于攀登科学的高峰，与前辈们一起，通过我们几代人共同的努力，攻克集成电路难关，实现芯片完全自主国产化。"

◎ 张瑀轩

心怀家国，做新时代"芯"青年

本次"集成电路强国行"苏州线主题实践活动圆满拉下了帷幕。在这充实而精彩的三天中，从苏州第三代半导体创新中心到矩阵半导体有限公司，从张家港产业园到汾湖高新区，我们了解了行业前沿动态，探究了企业用人标准，同时，还开阔了眼界，目睹了诸如6英寸（1英寸约等于2.54厘米）碳化硅产线等一系列先进设备。这次实践让我们对理论知识有了更直观的理解，为未来的职业发展奠定了基础。

这次实践，让我印象最为深刻的是苏州半导体产业的快速发展。一个个高新技术开发区，一个个产业园，许多曾经看似不成熟的技术（如第三代半导体）如今已成为新兴市场的主力军。这既得益于国家大力推动半导体行业的决心，也离不开无数科研人员夜以继日的辛勤付出。对我们本科生而言，这是一个充满机遇的时代，我们真可谓"生逢其时，重任在肩"。在校友访谈和交流环节，我深刻地感受到，微电子和集成电路行业如今的蓬勃发展，是一批批有志之士前赴后继所努力的结果，他们对技术的严谨和对发展的决心深深地感染了我。

在海光信息有限公司，我们与相关人员交流时，当被问到如何看待当今大环境下的行业前景时，一位前辈这样说："无论有没有被打压，无论形势怎么样，我们寻求突破、做行业领军者的决心和信心都不会改变。我们永远要做好自己的本职工作。"这让我明白，踏踏实实地做事情，不好高骛远，才是我们要追求的心态。

在矩阵半导体，我们见到了 4 英寸碳化硅的生产线。看到大二学弟学妹们惊叹的神情，我不禁想到去年在西电芜湖研究院初次见到如此复杂精密的装备产线时的震撼。经过大三一年的学习，我不再仅仅觉得这些设备高端壮观，而是可以结合所学知识去分析设备的功能，理解它们的用途和重要性。

在英诺赛科公司实践时，我特意向一位模拟工程师前辈请教如何成为一名优秀的模拟设计工程师。他告诉我，仅有知识是不够的，实践能力才是检验工程师的标准。他建议我从最简单的焊接、测试开始，多看多做，切勿轻视任何一项简单的工作。这番话对我的科研生涯很有帮助。

◎ 路文东

脚踏实地，用"芯"圆梦

在西安电子科技大学集成电路学部 2024 年苏州线暑期社会实践活动中，我们以"厚德、求真、励学、笃行"的校训为指导，深入实践，积极探索与学习。这次实践不仅让我们有机会了解行业前沿动态，还让我们深刻体会到脚踏实地的重要性和用"芯"圆梦的力量。

实践是检验真理的唯一标准。通过这次暑期社会实践，我们深刻认识到理论与实践相结合的重要性。正如实践目标中所提到的——通过与企业对接促进课程改革，我们不仅了解了行业现状，还明确了未来的发展方向，在学习和成长的道路上目标更加坚定。

在这次实践中，我们精心设计行程，深入了解了西电毕业生的就业情况。通过与企业负责人的对接，我们了解了行业现状；通过校友访谈，我们了解了西电毕业生的薪资待遇和晋升方向。这些信息为我们提供了宝贵的第一手资料，有助于我们更好地了解西电在行业内的认可度。

在与校友以及企业高管的交流中，我收获了很多书本上难以学到的宝贵建议。其中，令我感触深刻的当属实践最后一天下午在英诺赛科公司与技术负责人的交流。他说："从事芯片设计就像在考试，自己设计的集成电路产品如果出现问题，就只能自己去排查并解决。这就需要我们静下心来，耐住性子一点一点地排除，直到找到问题所在并解决。在这期间，除了和你一起负责设计的一两个人，其他人帮不了你。而且，在解决问题的过程中，可能还会有人每天来询问进度，工作强度和所承受的压力都非常大。因此，要想从事芯片设计，首先要问问自己是否具备耐下性子排除外界干扰、一心一意解决问题的能力；其次，要问自己是否热爱这份工作。这两点相辅相成、缺一不可。"

成果是实践的最终目标。这次实践不仅让我们收获了知识，更收获了成长。通过校企双方代表的洽谈，我们推动了企业和学校的进一步合作。这种合作不仅为我们提供了更多的实践机会，还为学校的课程改革提供了新的思路和建议。综合分析西电校友的就业情况和行业前沿动态，我们为学校的课程改革提供了有力的数据支持和理论依据。

在这次实践中，我们深刻体会到了"脚踏实地"的重要性。正如校训"厚德、求真、励学、笃行"所倡导的，我们需要在实践中不断学习，不断进步。

感谢西安电子科技大学集成电路学部为我们提供这次宝贵的实践机会，也感谢王铭老师和刘新宇队长的辛勤付出。在这次实践中，我们不仅收获了知识，更收获了成长。未来，我们将继续秉承校训精神，脚踏实地，用"芯"圆梦，为实现自己的梦想而不懈努力。

◎ 彭　毅

开拓视野，丰富知识

　　这次集成电路学部组织的"集成电路强国行"主题实践活动，为我们提供了深入了解集成电路行业发展现状和未来趋势的机会，可以拓宽我们的视野，增强我们的专业实践能力，为我们未来的就业和发展奠定坚实基础。通过参观企业和与专业人员深入交流，我们获得了直观的行业信息和经验分享，进一步理解了在学校学到的理论知识。这有助于我们将所学知识与实践相结合，提升自身综合素质和竞争力，为未来步入职场打下坚实基础。这次实践将成为我们宝贵的经历，帮助我们更好地规划未来的职业发展和成长路径。

　　本次实践活动涉及数字集成电路设计、模拟集成电路设计，以及集成元器件制造等多个环节，为我们提供了一个全面了解集成电路行业不同领域的机会，丰富了我们的专业知识，拓展了未来的就业方向和发展路径。

　　数字集成电路设计是集成电路行业中极为重要的领域之一，涉及数字逻辑电路、数据通信、计算机系统等方面的设计和开发。通过参观如苏州睿芯集成电路科技有限公司等企业，我们深入了解了数字集成电路设计的最新技术和发展趋势，为将来从事相关工作奠定了基础。

　　模拟集成电路设计是集成电路行业的另一个重要领域，涉及模拟信号的处理和传输，如模拟信号的放大、滤波、混频等。通过参观海光信息技术苏州有限公司等企业，我们了解了模拟集成电路设计的应用领域和技术特点，为未来的职业选择提供了参考。

此外，集成元器件制造商在集成电路产业链中扮演着举足轻重的角色。从芯片设计到制造、封装和测试，每一个环节集成元器件制造商都发挥着重要作用。通过参观苏州矩阵光电有限公司和江苏第三代半导体研究院有限公司等企业，我们可以深入了解国际集成元器件制造商的先进技术和管理经验，为日后从事芯片制造等相关领域的工作做好准备。

总的来说，本次实践为同学们提供了开阔视野、丰富知识的机会，使大家对数字集成电路设计、模拟集成电路设计以及集成元器件制造等多个领域有了全面了解，为未来的就业方向和发展方向提供了宝贵的经验与启示。通过实践，深入探索行业现状和未来发展趋势，我们将更好地规划自己的职业生涯，增强个人竞争力，为未来的发展奠定坚实基础。

◎ 游泓媛

点亮"芯"梦想

今年暑假，西安电子科技大学集成电路学部的学生们踏上了一段特别的旅程——参加"集成电路强国行"主题实践活动。这次活动为我们提供了深入了解行业、感受前沿技术、交流思想的宝贵机会。通过这次经历，我深刻体会到了中国集成电路行业的魅力，意识到行业所面临的挑战，并对"芯"时代的发展有了更加清晰的认识。

走进企业，触摸行业脉搏

我们来到苏州，参观了五家行业内的知名企业和科研院所，深入了解了他们的技术积淀和企业文化。这些企业不仅在技术领域有着深厚的造诣，还在人才培养和企业文化建设方面独具特色。通过实地参观和与工程师交流，我们近距离观察了集成电路设计、制造、测试等环节的实际操作。这样的实践体验不仅加深了我们对课本知识的理解，也为未来的职业生涯规划指明了方向。

聆听前沿报告，启迪思考

三场行业前沿报告让我们对芯片行业有了更新、更前沿的认识。专家们深入浅出地介绍了当前集成电路行业的热点问题和未来趋势，如芯片设计自动化、新型半导体材料的应用等。这些内容不仅拓展了我们的视野，也激发了我们对未知领域的探索欲望。更重要的是，这些报告让我们意识到，作为未来的工程师，我们需要不断学习、不断创新，以跟上时代的步伐。

对话校友，传承智慧

三场校友访谈和八场工程师访谈是这次活动中让我深受感动的部分。通过与校友和工程师们进行交流，我们不仅了解到他们在职业生涯中面临的挑战和机遇，还感受到他们对后辈的无私帮助与激励。他们分享的经验和建议，对我们而言是非常宝贵的财富，为我们未来踏上职业道路增添了信心，也让我们做好了更充分的准备。

对话 HR，规划职业

五场人力资源访谈为我们提供了一个了解企业需求和自我定位的宝贵机会。通过与人力资源专业人士的深入交流，我们深刻领悟到企业在招聘过程中最看重的素质和技能，同时也为自己的职业规划确明确了更加清晰的方向。这种沟通不仅能帮助我们更好地洞察市场需求，也激励我们在大学期间就开始为未来的职业生涯做好准备。

绘制技能图谱，明确目标

活动的最后，通过绘制岗位技能图谱，我们对集成电路行业的各个职位有了更为系统的理解。图谱详细总结了每个职位所需的关键技能和知识，为我们提供了自我评估和提升的指导框架。参照图谱，我们可以有针对性地提升自己的技能水平，为未来的就业和职业发展奠定坚实的基础。

这次参加"集成电路强国行"主题实践活动，对我们来说，不仅是知识的深度体验，更是一次心灵的启迪。活动让我们亲眼领略了中国"芯"产业的精髓，也让我们感受到了"芯"时代的脉动。作为新时代的"芯"

青年，我们将以饱满的热情和扎实的基础，为祖国的集成电路行业发展贡献力量。感谢企业伙伴对我们的支持与帮助，期待未来能有更多这样深入合作的机会，共同推动中国集成电路行业的进步。

这次活动使我深刻认识到，每一位"芯"青年都肩负着重要使命。我们不仅要在技术上不断突破，更要在精神上不断提升。让我们携手并肩，共同铸就中国"芯"的光辉未来！

◎ 宋泽华

独立发展，迎难而上

在学院的组织下，我有幸参与了本次甘肃天水的实践活动。本次实践，我们走访了两家企业，都是在芯片封装领域深耕多年的老牌公司，拥有独立的生产线和专业的人才团队，在国内芯片市场占有一席之地。

我们首先参观的是天水华天科技股份有限公司，我对这家公司最大的感受是"独立发展，灵活决策"。华天科技在国内封装行业排名第三，它是完全依靠自身的力量逐渐发展起来的。相比之下，排名第一的长电科技和排名第二的通富微电则是通过收购外资企业发展起来的。因此，在一些重大问题的处理上，长电科技和通富微电的流程就显得较为烦琐，而华天科技只需要短短几个小时，召集几位高层聚在一起开个会就能统一意见。这是其他企业难以做到的，也正是这份灵活性，为华天科技的发展作出了重大贡献。

我们参观的第二家企业是天水七四九电子有限公司。这是一家军工企业，为航空、航天等领域提供高质量、高可靠性的集成电路产品。公司同时设有设计部门和封测部门，并且在西安、南京等地设有研发部门，主攻电源管理芯片的研发。目前，公司处于一个缓慢发展的阶段。

除了了解企业文化，我们还与企业的优秀校友进行了深度交流，并积极地探讨了本科生的职业发展规划，以及本科生课程的学习意见和修改建议，为我们实践成员的发展提供了宝贵经验。

在与企业 HR 和工程师的交流中，我们了解到国内封装企业发展的艰辛。一方面，国外的技术封锁使企业损失了很多潜在的订单，这也就导致了企业发展放缓，经营压力增加；另一方面，国内封装行业高度依赖进口设备，且大多数设备价格昂贵，一台普通设备往往就要数百万人民币，最贵的一台设备甚至高达一亿人民币，而且还不是有钱就能够买到，得看卖家同不同意，这极大地限制了华天科技等企业的发展。虽然说国产设备也正在加速研发生产，但从 HR 的反馈中我们得知，目前国产设备仍然存在很多问题，尽管设备的精度能够达到要求，但可靠性和良率却不尽如人意，这也就导致企业不得不继续购买国外设备。

在这次调研中，我们了解到了封测行业在发展中遇到的很多阻碍，也见证了像华天科技这样艰苦奋斗、不断进步、勇于超越的本土企业。这让我深刻体会到了中国科技工作者不畏艰难、勇于攀登科学高峰的进取精神。我坚信，在未来的日子里，随着更多像华天科技这样的本土企业崛起和成长，中国将在世界科技舞台上扮演更加重要的角色。

◎ 曾维和

"芯"时代，"芯"青年

在经历了中兴事件、华为事件之后，许多人对我国半导体产业的落后，特别对芯片领域被欧美强国"卡脖子"的现状感到担忧。但是，在经历了此次"集成电路强国行"主题实践，并采访了多位工程师和校友之后，我对我国半导体产业发展水平的认知有了极大改观。

此行我们到了甘肃天水，我先简要谈谈此次实践所参观的两家企业——天水华天科技股份有限公司和天水七四九电子有限公司。其中，华天科技是我国第三大、全球第六大封测厂商，其芯片封测水平已经是国际领先水平。同时，华天科技首次实现了 eSiFO 封装技术的三维垂直互连集成封装，并且在 2019 年完成了 12 英寸 bumping 设备的国产化。再看天水七四九电子，该公司同样实力不凡，与我国军工企业、实验室保持着持续且紧密的合作，每年为其提供超过一百万颗高质量的芯片。

在与华天科技和天水七四九电子的校友访谈中，我收获很多。首先，我了解到了我国半导体产业的现状以及国际半导体产业的发展水平。目前，我国在半导体产业链中的封测环节已经有较强的国际竞争力，甚至达到了世界顶尖水平。但是，在芯片制造的前端环节——集成电路设计与制造环节，我国与世界顶尖水平仍有较大差距。同时，在与华天科技和天水七四九电子的 HR 进行交谈的过程中，我还深刻地体会到了他们对西电的高度认同感。

当下正值半导体产业飞速发展的时期，制程技术不断进步，人工智能与半导体技术结合日益紧密，AI芯片问世等半导体产业前沿信息不断涌现，这些都反映了技术进步快、市场需求大和全球竞争激烈的行业现状。在这个前沿信息不断更迭的时代，大学生要想更好地把握半导体产业的前沿信息，该怎么做呢？

首先，课堂是我们的主攻方向。在课堂学习中，我们要关注与半导体相关的课程，如半导体物理、模电、数电等课程内容，同时积极参与科研项目或实验室活动，特别是那些与半导体材料、器件制造等相关的研究项目。其次，我们可以高效利用互联网和线上图书馆等工具，阅读权威的学术期刊和研究报告，关注国际顶尖期刊，获取全球范围内的最新信息。最后，也是最有必要的一点，即进行实习和行业交流。只有在实践的过程中才能检验真理，我们可以通过暑假实习或学校组织的社会实践活动等方式，进入半导体相关企业或研究机构，亲身感受行业的运作和发展。

◎ 陈子聪

"芯"使命，"芯"力量

在这个火热的夏日，我们踏上了一段不同寻常的旅程——参加"集成电路强国行"主题实践活动。这次实践活动对我而言，不仅仅是一次简单的学习经历，更是一次深刻的思想洗礼。它教会了我们如何成为自己命运的掌舵人，如何在波涛汹涌的海洋中找到前进的方向。

艰苦攻关，矢志不渝

在走访了众多企业，深入了解了芯片行业的全貌后，我深刻认识到我国芯片产业的痛点所在。这个痛点，如同一道难以愈合的伤口，时刻提醒我们：在芯片设计和制造这两个关键环节，我们与国外的差距还很明显。在设计领域，我们缺乏核心的 EDA 软件和 IP。它们如同芯片设计的灵魂元素，是创新和发展的关键。没有它们，我们的设计就像是没有翅膀的鸟，难以飞翔。而在制造方面，我们的设备相对落后，这使得我们在生产效率和产品质量上难以与国外巨头竞争。这些差距，不是一朝一夕可以弥补的，需要我们几代人持续不断地努力。

然而，正是这样的挑战，激发了我国芯片行业从业人员奋勇前进的动力。作为新时代的青年，我们有责任也有义务为国家的芯片事业贡献自己的力量。我们要深入学习，不断提高自己的专业素养，努力在芯片领域发光发热。同时，我们也要敢于创新，勇于突破，争取在芯片设计和制造的关键技术上取得突破。

反刍思辨，励志前行

同时，这次实践也让我对高校教育有了更深的思考。作为培养未来人才的重要基地，我国高校已经越来越注重实践能力的培养。由于西电一直重视与企业合作，所以我们在学校就能接触到最前沿的技术和最真实的工作环境，这让我为自己的学校深感自豪。同时，西电还注重培养学生的创新意识和团队协作能力，在这次参观之旅中，我深切感受到了学校的良苦用心。学校引导我们直面芯片行业当前的困难，有助于我们在未来的工作中更好地应对挑战。

寄意寒星，明志在行

在这次行业之旅中，我有幸负责了校友访谈环节。在交谈中，我对自己的职业方向有了更清晰的认识：中国半导体产业链的自主可控进程正在加速推进，特别是在上游设备、材料和零部件的国产化方面；国产替代已成为必然趋势，政府及相关部门出台了大量法规和政策，大力推动集成电路国产化。我认识到，芯片行业是一个充满挑战和机遇的行业，需要我们不断学习和进步。我希望能在这个行业中找到自己的位置，为实现我国芯片事业的伟大复兴贡献一份力量。

在这次实践活动中，我学到了很多，而印象最深刻的，便是那些在20世纪80年代响应国家号召，前往三线建设的大学生们。他们中的许多人也许并不被外界所熟知，但他们为中国芯片行业的建设和发展所付出的努力，在我心中久久激荡。我为自己能走在先辈开辟的道路上感到自豪，更为自己正走在中国芯片行业的崛起之路上感到无比骄傲！

◎ 胡旭乾

创"芯"使命，挺身担当

　　在这次"集成电路强国行"主题实践活动中，我参观了甘肃天水的两家企业，看到了先进的设施，采访了优秀的工程师，了解了很多书本上没有的知识。习近平总书记指出："一代人有一代人的长征。"每个时代都在向当时的人们提出挑战，现在，轮到我们这一代挺身而出，迎接属于我们的时代使命了。在我看来，当今我们面临的时代挑战正是芯片难题。在实践之后，我们对这一时代难题有怎样的认识？该如何解决？这是我接下来想要阐明的。

　　由于时机不巧，我们的企业探访活动只持续了一天。当天上午，我们参观了国内领先的封测企业华天科技，下午参观了军工企业七四九电子。虽然行程短暂，但在这两家企业工作的校友热情地接待了我们，为我们答疑解惑，让我们收获满满。在和校友的交流中，我们了解了中国当今的半导体行业现状，以及企业对我们学生的能力要求。

　　在实践之后，我对半导体领域有怎样的认知呢？从国家层面来看，我认为我们在芯片产业领域的欠缺主要表现在两个方面：一是流程受制于人，二是精度落后于人。

　　在实践中，我明白了芯片市场大致可以分为上游、中游、下游三个环节。在上游芯片设计领域，我国的水平已经相当出色，拥有许多的杰出人才，华为麒麟9000就是很好的例子。这枚拥有135亿个晶体管的芯片表明，我们并不缺乏设计能力。就下游来说，中国拥有全球最大的市场，汽车、手机等行业对芯片的需求可谓海量。然而，我们在芯片制造流程上仍然受制于西方国家。在硬件方面，无论是晶圆、光刻胶，还是光刻机，我们都依赖于进口，国内企业在市场上仅占据低端生态位。在软件方面，我们同样受制于人，EDA 和 IP 也是外国企业的知识产权。这意味着，我国工程师的智慧只能依托国外的软件和硬件来实现。

面对这样的情况，如何破局呢？我认为不是一朝一夕、大干快上就能在几个月或几年内完成的，毕竟整个芯片制造是一条巨大的产业链。以 20 纳米的成熟工艺为例，制造一块这样的芯片需要经过 3300 个步骤，每个步骤平均耗时 2 小时，这是全球上百个国家、数千家企业共同努力的结果。所以，我觉得要把这样的产业链集中到一个国家，必然要付出巨大的努力。对于国家而言，要加大政策扶持力度；对于半导体企业而言，应加大研发投入；对于高校而言，要加强相关领域的人才培养。

那么，我们作为高校学生，可以做些什么呢？首先，深入学习和研究。我们应该加强电子、半导体等相关学科的学习，掌握前沿的技术和理论知识。这不仅有助于提升我们的个人能力，也为将来从事相关行业奠定坚实的基础。其次，积极参与创新项目。我们要主动参与学校或社会组织的创新项目，尤其是与半导体技术相关的项目。通过实践，我们可以锻炼解决实际问题的能力，培养创新思维和团队合作精神。最后，关注政策动向。我们应该了解和关注国家在半导体产业政策上的最新动向和支持措施，可以参加相关讲座、研讨会或阅读相关报道，以便更深入地了解行业的发展趋势和国家的政策导向。

◎ 辛 运

"芯"心相连，自强不息

集成电路是当今国与国之间竞争的重要科技领域，其发展需要大量的资金和人力的投入。因此，我国的大部分集成电路企业都设立在经济比较发达的地区，如上海、成都等地。然而，在西北这片黄土地上也诞生了很多优秀的企业。本次暑期实践，我和同学们一起前往了羲皇故里——有着"丝路明珠"之称的龙城天水。在这趟实践之旅中，我们通过实地参观企业，与工程师、校友及 HR 交流，不仅大大地提升了对集成电路行业的了解，更对这个行业充满了热情。

来到天水的第一站，我们在一个小雨淅淅的早晨造访了华天科技。首先，企业工程师带我们参观了公司的展厅。在这里，我了解到华天科技是一家专精于芯片封装的企业，前身是永红厂，建立于 20 世纪 60 年代，经过 70 年代、80 年代的快速发展，已颇具规模。20 世纪 90 年代，我国芯片行业发展受到阻碍，永红厂的发展也不如从前，但是，在大家的持续努力下，永红厂克服重重困难，逐渐进入发展的快车道，后来变身为华天科技，现如今已经是我国排名第三的封装企业。随后，我们走进车间，老师隔着玻璃为我们介绍了不同程度的超净间中工人的工作情况。接着，我们在一间会议厅与学长任思宇以及企业 HR 进行了交流。他们强调，只有学好基础知识，才能在后续的工作中取得进展；同时，要保持不断学习的态度，因为大部分的理论知识不能直接应用到实际工作中，应当加强在实际工作中学习的能力。

下午，我们到了七四九电子，这家公司主要生产电源器件。在这里，我们遇到了许多校友。那个轻松的午后，我们和校友们深入交流了许久，他们亲切地为我们解答困惑，让我们受益匪浅。

翌日早晨，我们前往天水工业博物馆。与前一天不同的是，当日天气晴朗，风和日丽。走进博物馆，一股浓郁的工业气息扑面而来，映入我们眼帘的是许多车床。作为一名参与过金工实习的学生，我对这些设备充满了兴趣。后来，我们还了解了许多关于天水工业发展的故事。

参观结束后，我们本次实践之旅也画上了句号。此次旅程不仅让我对这个行业有了更深的了解，更让我体会到了要学好这个专业的艰辛与挑战。我们要真正为国家作出贡献，解决那些"卡脖子"问题，就必须在现阶段扎实学习，将自己的心和国家的"芯"紧密相连。只有这样，才能让我们本土集成电路产业的发展欣欣向荣、自强不息。

◎ 王泽宇

以就业为导向，以专业为核心

为期一个月的暑期实训已落下帷幕，在这一个月的学习中，我感受到了无锡高新区对引进集成电路人才的渴望，也学到了就业导向所需的专业技能。

无锡高新区集成电路园区综合实力排名全国第二，2023 年的产业产值已突破 1554 亿，园区内聚集了 400 多家集成电路企业。本次产业人才实训班中，基础班面向本科生培养版图设计技能，进阶班面向研究生培养模拟 IC 设计技能，这些都是贴合当前主要就业方向的实用专业技能。特别是参与芯片设计流片任务，对我来说更是一次难得的实践经历，而且整个任务流程的每一个环节都紧密围绕就业需求展开。

实训学院请到了从业多年的版图设计工程师为我们讲授版图设计技能，从 Linux 操作系统的基础操作到环境配置、快捷键设置，逐步深入；从标准数字单元版图到模拟版图、TOP 版图，面面俱到。每一部分内容都是老师经过多年工作总结出的精华，都是从事这一职业不可多得的技巧。对于像我这样即将就业的大学生来说，这次实训不仅为我省去了报名培训班的费用，还提供了免费的工作环境和工艺文件，包吃包住的同时，还报销车费，无一不体现了无锡高新区对引进人才的迫切期望。

流片是一项耗资巨大的工程，一次流片成本就要数万元。从设计指标的确立，到一步步修改参数直至实现，再到前仿通过；从版图绘制，到DRC、LVS 验证通过，再到导出寄生参数进行后仿。即便是一个简单的项目，一枚小小的芯片，也离不开合理的时间规划，以及团队成员间高效的交流沟通和合作。我主要负责版图绘制，需要和负责设计的队友确认哪些 MOS管要做匹配，对 dummy 电路图进行相应的修改，并导出参数交给队友进行后仿。良好的沟通能力是团队协作中不可或缺的技能之一，只有通过有效沟通，团队成员才能明确任务目标，理解彼此的需求，分享信息与经验，并协调各自的行动。

在学习之外，实训学院还组织了专场招聘会和企业参访活动。共有 25家集成电路企业参加，我们有机会面对面与 HR 沟通，了解无锡当地的政策和人才补贴情况。求职是大学生走向社会的第一步，我们浏览一页页招聘海报时，一条条岗位要求映入眼帘。那么，什么是就业导向？通过与 HR 面对面交谈，询问招聘要求，我们可以提前了解自己的目标岗位及所需条件，并针对性地进行准备和培训，这样才更有把握得到自己期望的岗位。之后，我还参加了一次线上面试，进一步了解了公司的要求。这也是我第一次参加面试，为我在秋招之前熟悉面试流程、了解面试内容积累了难得的经验。

每一个知识点的积累，每一个细微技巧的掌握，都是求职路上不断前行的动力。这次暑期实践不仅是专业软件和专业技能的学习，也是团队合作与高效沟通的实践。同时，我也认识到，一枚小小的芯片，是通过繁复而精密的工序设计制造出来的。作为一名本科生，我在整个流程中仅负责其中一小部分，但是只有每一部分都达到要求，才能制造出性能达标的芯片。在中国集成电路产业的发展中，我们绝大多数人都是其中微不足道的一部分，但是中国集成电路产业的发展离不开每一个人的努力。作为西电学子，我们更应努力学习专业技能，发挥每一份光和热，如同集成电路中的一个个 MOS 管，找到属于自己的位置，并为之不懈奋斗。

◎ 袁思怡

从理论到实践的成长之旅

在这次无锡集成电路设计培训中，我深刻感受到了技术的强大力量和未来发展的无限可能。在无锡实训学院的学习经历，不仅让我对理论知识有了更深入的理解，也让我对流片的实际流程有了切身的体会。在此，我从四个方面分享我的感想。

技术的魅力与挑战

集成电路设计是一门充满挑战但又极具魅力的学科。在学习过程中，我体会到了这门学科的精妙之处。集成电路的设计不仅需要设计者具备深厚的理论基础，还需要具备超强的实践能力、极致的耐心、严谨的态度以及不断解决问题的能力。

在这次集成电路设计培训中，理论学习主要涵盖了 Linux 操作系统的基本原理、Cadence 软件的操作流程、CMOS 工艺基础以及版图设计的核心概念。通过学习这些理论知识，我理解了集成电路的设计原理和工艺流程，为后续的实际操作奠定了坚实的基础。这些理论知识帮助我建立了系统的知识框架，使我能够在实际设计中更加游刃有余。例如，CMOS 工艺是集成电路设计的基础，这次培训让我对 CMOS 工艺有了更深入的理解。通过学习，我掌握了 CMOS 器件的基本工作原理，并了解了如何通过工艺流程将电路设计转化为实际的半导体器件。CMOS 工艺的复杂性要求每一个细节都要精确控制，这也让我认识到工艺基础知识在集成电路设计中的重要性。

理论与实践相结合

在集成电路设计中，实践能力和理论知识同样重要。通过这次培训，我深刻认识到，理论知识是我们进行设计的基础，但真正赋予设计生命力的，是实际操作中的点滴经验。

在学习过程中，老师为我们详细讲解了各种电路的工作原理和设计方法。这些理论知识为我们理解电路设计提供了坚实的基础。然而，真正让我印象深刻的是实际操作中的实践环节。当我们亲自将理论知识应用到实际的电路设计中时，许多原本抽象的概念变得生动而具体。通过一次次的实验和调试，我们不仅巩固了理论知识，还提升了自己的实践能力。例如，在版图设计过程中，我学会了如何通过合理的布局和走线来降低寄生效应及噪声影响，同时也掌握了如何通过隔离技术来减少不同电路模块之间的相互干扰。这些知识和技能对于提高电路的整体性能及稳定性具有重要意义。

团队合作与沟通能力

集成电路设计不是一个人的工作，它需要团队成员之间的合作与协调。在这次培训中，我们小组共同完成了一个 10bit 的 SAR ADC 项目。这让我意识到，在复杂的集成电路设计中，团队合作是必不可少的。

在团队合作中，我们分工明确，充分发挥每个人的特长。虽然每个人的分工不同，但我们始终保持着密切的沟通，确保设计的每一个环节都能够顺利进行。在遇到问题时，我们共同讨论，集思广益，最终攻克了一个个难题。这种合作精神不仅帮助我们顺利完成了任务，也让我深刻意识到，在现代科技的发展中，团队合作的重要性愈发凸显。

通过这次培训，我还学会了如何更有效地与团队成员沟通。在设计过程中，我们需要不断交流，确保每个人都能准确理解项目的目标和要求。沟通不仅仅是信息的传达，更是一种思维的碰撞与融合。通过与同学们的交流，我学到了许多不同的思维方式和解决问题的方法，这些都将对我未来的学习和工作产生深远的影响。

展望未来

这次集成电路设计培训让我对未来有了更多的思考。作为一名00后大学生，我深知未来科技的发展将对我们的生活产生巨大的影响。集成电路作为现代电子技术的核心，其发展前景无疑是光明的。

未来的科技发展离不开一代又一代年轻人的努力。作为未来的科技工作者，我希望能够在这个充满挑战和机遇的领域中不断探索，为推动技术进步和社会发展贡献自己的力量。同时，我也明白，技术的发展需要我们不断学习、不断创新。只有坚持不懈地努力，我们才能在激烈的竞争中立于不败之地。

集成电路设计是一门需要持续学习和探索、持续实践和积累的学科。未来的路还很长，但我相信，只要保持对技术的热爱和对学习的热情，我一定能够在这条道路上走得更远。

◎ 李鸿锴

拓宽视野和见识，增强信心和动力

今年暑假，我在无锡市产业人才实训学院进行了为期一个月的学习，这段经历让我受益匪浅。以下是我对这段学习和生活经历的感想。

作为一名集成电路设计基础班的学员，我在一个月的时间里，从零开始，深入学习了 Linux 系统的基本操作，掌握了 Virtuoso 软件的使用方法，并成功完成了 OPA 的版图绘制。这段学习经历让我对集成电路设计、版图绘制等领域有了更深入的了解，极大地提升了我的专业技能和实践能力，让我的知识层面不再只停留于书本中。

首先，学习 Virtuoso 软件让我熟练掌握了集成电路设计中常用的设计工具。Virtuoso 是业界常用的集成电路设计软件，具有强大的功能和灵活的操作界面。通过实际操作，我学会了如何在 Virtuoso 软件中进行电路设计、仿真以及绘制版图，掌握了设计流程和方法，提高了自己在集成电路设计领域的实践能力。课堂上，我在老师的悉心指导下，一步步操作，不断调试并优化版图设计，不断解决遇到的问题和挑战，逐渐熟练掌握了这项技能。

其次，学习版图绘制让我意识到版图设计在集成电路行业中的重要性。版图是集成电路设计与工艺制造之间的桥梁，直接影响着电路的性能和稳定性。通过系统的理论学习和实践操作，我掌握了版图设计的基本原理和技巧，学会了如何合理布局电路元件、连接线路，以及如何优化版图结构，从而提高电路的性能和可靠性。在课堂上，通过老师的耐心讲解，同学间的相互交流，我不断练习并总结经验，逐渐能够熟练地应用版图绘制的技巧和方法。

除了学习版图绘制的知识和技能，我还有幸观赏了无锡的美景，领略了这座城市的人文风光。无锡是一座历史悠久、文化底蕴深厚的城市，古典园林、运河风光、现代建筑交相辉映，展现出独特的魅力。在游览无锡的过程中，我深深感受到了这座城市的人文气息，感悟到了传统与现代的融合、历史与现实的交融。无锡的美景也让我体验到了一种宁静与和谐，让我对这座城市充满了好奇和向往。我游览了南长街、南禅寺、梅里古镇等知名景点，每一处都给我留下了深刻的印象，也让我更加热爱这座城市。

这段学习和生活的经历令我受益匪浅，不仅提升了我在集成电路设计领域的技能水平，拓宽了视野和见识，还增强了我对未来的信心与动力，让我更加热爱自己的专业，对未来的发展充满了期待。感谢学校和无锡市产业人才实训学院给我的机会，希望未来能有更多这样的学习和实践体验，让我不断成长和进步！

◎ 余悦扬

融知识于实践，享受无锡之夏

　　这个暑假，我有幸在无锡参加了为期一个月的社会实践活动，主要内容是集成电路设计相关课程的培训。在这段时间里，我不仅深入学习了专业知识，还通过与团队协作以及外出游玩的经历，收获了丰富的实践经验和难忘的生活体验。这次实践让我对自己的专业有了更深刻的理解，同时也更加明确了未来的学习和发展方向。

深入学习，提升技能

　　集成电路设计是我大学专业学习的重要内容，而这次实践活动为我提供了一次系统深入学习的机会。在培训过程中，我们接触了集成电路设计的核心知识，从基本的电路原理到复杂的电路布局，从理论学习到实际操作，每一个环节都让我感受到了专业知识的深度和广度。

　　通过这次培训，我不仅掌握了更多的专业技能，还积累了不少实际操作经验。在实际操作中，我学会了如何使用各种设计工具，如何进行电路的仿真和优化，以及如何解决在设计过程中遇到的各种问题。这些经历让我对集成电路设计有了更为全面的认识，同时也让我认识到自己在这个领域中的不足和未来需要进一步提升的地方。

团队协作,共同成长

这次社会实践让我深刻体会到了团队合作的重要性。我们小组的成员来自不同的专业,有着各自的特长。在实际的学习和项目推进过程中,大家需要相互协作,充分发挥各自的优势,才能顺利完成任务。刚开始时,由于工作方式和思维习惯不同,我们在分工和合作上遇到了一些挑战。但通过不断沟通和磨合,我们逐渐找到了最佳的合作方式。

在合作过程中,我学会了如何有效地与团队成员沟通,如何在团队中扮演好自己的角色,如何通过协作实现共同目标。这些宝贵的经验不仅帮助我更好地完成了实践任务,也让我的团队合作能力得到了很大的提升。

外出游玩,感受无锡之美

除了紧张的学习和培训,我们也会利用周末和闲暇时间外出游玩,放松心情,感受无锡的美丽风光。无锡作为江南名城,以其独特的自然风光和深厚的历史文化底蕴吸引着我们。我们参观了著名的太湖、鼋头渚,感受了自然的静谧与壮丽,还游览了无锡古镇,体验了当地的风土人情。

这些游玩活动不仅丰富了我们的实践生活,也让我们在紧张的学习之余身心得到了放松。这些活动让我们更加深刻地感受到了无锡的魅力,同时也增进了团队成员之间的友谊。

感悟与展望

一个月的社会实践转瞬即逝,但对我的影响却是深远的。这段时间里,我不仅在专业知识上得到了提升,还在团队协作、时间管理等方面积累了宝贵的经验。更重要的是,这次实践让我更加明确了自己未来的学习方向,让我认识到在集成电路设计领域,仅有理论知识是不够的,实践能力和创新思维同样不可或缺。

在今后的学习中，我将持续磨炼自己的技能，不断积累实践经验，为未来的职业发展打下坚实的基础。同时，这次实践也让我意识到，除了学习和工作，生活中的美好也是不可忽视的。适时的放松和调整，不仅能让我们保持良好的状态，还能激发更多的灵感和动力。我期待在未来的学习和生活中，能够继续保持这份对学习的热情和对生活的热爱，不断进步与成长。

◎ 姜　恒

立于前人之肩追求"芯"盛

在这次"集成电路强国行"主题实践活动中，我有幸参观了西安本地几家知名微电子企业，包括比亚迪、博瑞集信、华芯微等，这些企业在西安本地微电子企业中占据着重要地位。通过这次参观，我不仅增长了知识，感受到了不同企业独特的文化氛围，还领略到了行业的前沿技术。

首先，比亚迪的参观经历给我留下了深刻的印象。比亚迪作为国内乃至世界领先的汽车制造商，其产线高度自动化，使用了大量的机器人和先进的制造技术。这种高效率和高精度的生产方式令人惊叹。生产线上工作人员的专业素养和技能水平很高，他们严谨的工作态度和高效的执行力让人印象深刻。不仅如此，比亚迪在技术和产品上持续创新，参观过程中，我们了解了比亚迪最新的研发成果和未来的技术趋势。

博瑞集信作为西安地区规模较大的集成电路制造企业，同样让我震撼。我们参观了博瑞集信的生产车间，见识了最先进的生产线和制造工艺。尤其是在洁净室内，那里对生产环境要求极高，人员进出都需要经过严格的净化程序。这让我深刻认识到微电子制造的严谨性和精密程度。博瑞集信的工程师还为我们讲解了摩尔定律和先进制程的演进历程，使我更加深入地理解了半导体行业的快速发展和技术迭代的速度。这次参观让我意识到，不仅仅是设计环节，制造环节同样至关重要，只有二者完美结合，才能打造出高性能的芯片。

华芯微作为业内领先的芯片设计企业，为我们展示了其在军工领域的卓越成就。在参观过程中，华芯微的工程师们分享了他们在芯片设计过程中遇到的种种挑战和解决方案，使我对芯片设计中的电路设计、算法优化、系统架构等环节有了更加具体的认识。这次参观不仅让我了解了前沿技术，还看到了微电子技术在各行各业中的广泛应用，拓宽了我的视野。

总的来说，这次参观让我对微电子行业有了更加全面而立体的认识。首先，我感受到了这个行业的快速发展和技术的日新月异。每一家企业都在不断进行技术创新和突破，以期在激烈的市场竞争中占据一席之地。其次，我看到了微电子技术在实际应用中的广泛性和重要性。无论是通信、计算还是物联网，微电子技术都是不可或缺的核心支撑。最后，这次参观也让我意识到，想要在这个领域有所作为，不仅需要扎实的专业知识，还需要不断地学习和实践，且具备团队合作能力。

这次参观不仅拓展了我的专业知识，还激发了我对微电子领域的浓厚兴趣。在未来的学习中，我将更加努力地学习专业知识，密切关注行业动态，积极参加相关的科研项目和实习活动，不断提升自己的专业能力并积累实践经验。我相信，通过不断的努力和积累，我一定能够在微电子行业中找到自己的位置，为我国的科技进步和产业发展贡献自己的力量。

◎ 毕露露

勇担"芯"使命，砥砺赴征途

　　在当今全球竞争激烈的科技领域，芯片技术无疑是国家科技实力的一项重要体现。作为一名微电子科学与工程专业的大二学生，我有责任了解并推动我国芯片产业的发展。今年暑假，我有幸参加了"集成电路强国行"主题实践活动，深入了解了我国芯片产业的现状和面临的挑战。这次实践活动不仅拓宽了我的视野，更让我坚定了为中国芯片事业贡献力量的决心。

　　我们的实践地点包括西安的比亚迪、华芯微电子和博瑞集信。在这三家企业的参观和交流过程中，我深刻体会到了我国芯片产业的现状及其背后的复杂性与挑战。比亚迪不仅在新能源汽车领域取得了显著的成就，在自主研发和制造方面也展现出了强大的实力，其生产线的高度自动化程度令人印象深刻。华芯微电子作为一家致力于集成电路设计和制造的高科技企业，专注于开发高性能模拟与数字混合信号芯片，其产品被广泛应用于通信、消费电子、工业控制及汽车电子等领域。博瑞集信则专注于高性能模拟与混合信号芯片的研发，在数据转换器、模拟前端、功率管理以及传感器接口等领域取得了一定的成就，但在国际市场上仍面临激烈的竞争。通过参观和交流，我认识到每一枚高性能芯片的诞生都需要无数次的实验和改进，每一个细节的提升都意味着巨大的投入和努力。

　　在这次实践中，我们还与几位毕业于西电的校友进行了访谈。校友们普遍认为，西电的学生在学习过程中认真踏实，学科素养较好，这为他们在职业生涯中的出色表现打下了坚实的基础。校友们还特别强调了终生学习的重要性，他们希望同学们能够培养起终生学习的习惯与能力，不断更新知识，以适应快速变化的技术环境。此外，他们还建议同学们增强交流沟通的能力，这不仅有助于团队合作，还能在面对复杂项目时更好地解决问题。

通过这次实践，我深刻体会到，芯片产业的发展不仅需要企业的努力，更需要国家政策的支持和社会各界的共同参与。我国芯片产业的痛点主要集中在设计和制造两个环节。在设计方面，国内缺乏 EDA 软件和 IP 资源；而在制造方面，机器设备尤为落后。在这两个环节上，国内外差距明显，显然不是两三年可以追赶上的。

作为未来芯片行业的一员，我们肩负着重要使命和责任。我们不仅要掌握专业知识，还要具备创新精神和团队合作能力，只有这样，才能在未来的竞争中立于不败之地。这次实践活动让我受益匪浅，不仅让我深入了解了芯片产业的现状和挑战，还明确了自己未来努力的方向。在今后的学习和工作中，我将继续努力，不断提升自己的专业素养和综合能力，为我国芯片产业的发展贡献自己的力量。

◎ 李云峤

创"芯"使命，重任在肩

在此次"集成电路强国行"主题实践活动中，我有幸代表学校参访了西安电子科技大学重庆研究院、中电科 24 所、芯亿达以及西南集成等多家知名企业。通过此次实践，我不仅深入了解了中国芯片产业的现状与挑战，还加深了对未来职业发展的思考。

企业参访：从理论到实践的转变

在西安电子科技大学重庆研究院，我们见证了科研人员在集成电路领域的前沿探索。研究院的科研氛围浓厚，科研人员专注于自主研发与创新。在与科研人员的交流中，我了解到他们在芯片设计与制造方面所付出的努力以及面临的困难。特别是 EDA 软件的研发，这一领域在国内相对薄弱，但正是因为这样的挑战，他们更加坚定了通过自主创新来缩小与国际差距的决心。

在中电科 24 所，我们看到了我国在电子科技领域的技术积累与创新。作为国内电子信息技术的领军企业，中电科 24 所在多个关键领域取得了重要突破。通过参观其研发实验室和生产车间，我们亲身感受到了先进技术的应用和研发工作的艰辛。这里的工程师们不懈努力，致力于推动我国芯片产业的技术突破，他们的敬业精神和创新意识让我深受触动。

芯亿达和西南集成展现了我国芯片产业链中下游的力量。芯亿达作为芯片封装测试行业的佼佼者，其精密的生产流程和严格的质量标准，让我深刻认识到芯片制造的复杂性与系统性。而西南集成作为集成电路制造领域的重要企业，完整展示了芯片从设计到量产的全流程。在这里，我看到了国内企业在芯片制造领域的显著进展，同时也感受到了我们与国际先进水平的差距。

从实践中学习：认识行业挑战

通过对这些企业的参访，我深刻意识到我国芯片产业面临的巨大挑战。从设计、制造到封装测试，每一个环节都至关重要。正如我在实践中所见，我国在芯片设计和制造设备方面的短板依然明显，这不仅是技术层面的差距，更是产业基础的不足。特别是在芯片制造设备领域，国内依赖进口的局面依然严峻。我们所面对的挑战，不仅是技术的突破，更是整个产业链的完善和自主创新能力的提升。

然而，这些困难并未使我感到沮丧，反而激励我更深入地思考，如何在未来的职业生涯中为推动我国芯片产业的发展贡献力量。我深刻认识到，作为一名未来的科技工作者，我不仅要具备扎实的专业知识，还要拥有创新思维和实践能力。正如我在参访中所见，那些正在为中国芯片事业努力的科研工作者，他们的执着与信念正是推动这一产业不断前进的动力。

未来展望：在挑战中前行

此次社会实践让我认识到，作为新时代的大学生，我们肩负着重要的历史使命。我国芯片产业的崛起，不仅依赖于政策的支持，更离不开一代又一代科研工作者的努力。作为这场科技竞赛中的后起之秀，我们需要在学习和实践中不断提升自己，才能在未来为国家的芯片事业贡献自己的绵薄之力。

在接下来的学习中，我将更加注重理论与实践相结合，深入了解产业需求，明确自己的职业发展方向。同时，我也会积极参与科研项目，锻炼自己的创新能力，提升科研素养。正如本次社会实践所揭示的，只有通过不断的实践，我们才能真正找到属于自己的职业方向，才能为国家的科技事业添砖加瓦。

这次社会实践不仅让我对中国芯片产业有了更深入的认识，也让我明确了自己未来的努力方向。我深知，芯片产业的发展之路充满挑战，但正因为面临这些挑战，才让我们有了大展拳脚的机会。在未来的日子里，我将继续秉持"创'芯'使命，重任在肩"的精神，脚踏实地，勇敢前行，为中国芯片事业伟大目标的实现而不懈努力。

◎ 聂嘉宸

科技引领，芯片筑梦

在这次暑期社会实践中，我们一行人前往重庆，深入了解了当地的集成电路产业，收获颇丰。

在此次参观学习的过程中，我们有幸拜访了重庆集成电路产业展示中心、西电重研院、中国电科芯片技术研究院，以及西永微电园的多家企业。这些企业和机构代表了重庆在集成电路领域的先进水平，通过参观，我们对这一行业的未来发展有了更为清晰的认识。

在重庆集成电路产业展示中心，我们全面了解了重庆在集成电路产业的布局与规划。展厅内详细展示了从设计、制造到封装、测试的完整产业链，使我们直观感受到这个行业的复杂性与高度专业化。重庆作为中国西部重要的电子信息产业基地，正凭借其区位优势和政策支持，吸引着大量的企业和人才涌入。通过这次参观，我深刻体会到了国家对集成电路行业的重视，以及这一领域在未来技术竞争中的战略地位。

随后，我们来到西永微电园，这里是重庆电子信息产业的重要聚集区。在这里，我们参观了多家企业，并与企业负责人进行了深入交流。西永微电园的企业大多致力于集成电路的研发与应用，业务范围涵盖了智能制造、人工智能等多个前沿领域。在与企业负责人的交流中，我们了解到这些企业不仅在技术上紧跟国际前沿，更注重自主创新和核心技术的突破。这使我认识到,作为未来的科技工作者,我们必须不断提升自己的创新能力,勇于承担技术攻关的重任。

在西电重研院的参观学习中,我们有机会与在此工作的校友进行了访谈。校友们的职业发展经历和他们对行业趋势的深刻见解让我受益匪浅。他们强调,在集成电路行业,技术能力固然重要,但更为关键的是保持学习的热情与坚持不懈的钻研精神。校友们的分享让我意识到,作为一名即将步入社会的学生,我不仅需要掌握扎实的理论知识,更需要培养解决实际问题的能力。

最后,在中国电科芯片技术研究院,我们聆听了一场关于前沿技术的报告。报告详细介绍了当前集成电路领域的最新发展趋势和技术难点,特别是针对未来芯片的高效能、低功耗设计以及人工智能芯片的发展方向进行了深入探讨。通过这场报告,我清晰地认识到,未来科技的发展将更加依赖于高精尖的技术突破,而集成电路作为"科技皇冠上的明珠",将继续在未来的技术革命中扮演核心角色。

总结此次社会实践,我深感自己的专业知识与实际应用之间还存在很大差距。但同时,我也意识到,这种差距正是激励自己不断进步的动力。这次参观学习不仅让我对集成电路产业有了更为全面的了解,也让我深刻认识到,唯有不断学习、不断创新,才能在未来的职业生涯中有所建树。在未来的学习和工作中,我将牢记在此次社会实践中获得的宝贵经验与启示,努力提升自己的综合素质,为中国的科技事业贡献自己的力量。这次实践活动不仅是一次难得的学习机会,更是一次让我们对未来发展进行深刻反思与规划的宝贵经历。

◎ 罗亦星

立足当下，奋进未来

2024 年的夏天，我有幸参加了集成电路学部组织的"集成电路强国行"主题实践活动。

此行我们来到了重庆，通过三天的企业走访、行业报告和校友访谈，我对集成电路行业的未来发展有了更深入的了解，还从与前辈们的交流中收获了宝贵的经验和深刻的启示。

此次实践活动的核心目标在于号召广大"芯"青年，通过与行业前沿的深入接触，提升个人的创新精神和实践能力，坚定科技报国的信念。大学生社会实践活动不仅仅是走访企业、学习技术，更重要的是通过实践活动加深大家对国情和行业的了解，增强其责任感与使命感。在与行业前辈们的交流中，我深刻体会到，实践不仅是书本知识的具体应用，更是将个人理想与国家发展紧密结合的一次探索。学校领导在出发前的致辞中强调，社会实践活动不仅是大学生接受教育、增长才干的重要环节，更是促进我们与社会接轨、主动承担社会责任的桥梁。通过此次实践，我体会到，实践活动是知识积累和经验沉淀的过程，不仅为我们提供了近距离接触行业、深入了解集成电路产业发展的机会，更激发了我们对未来如何更好地融入社会、服务国家的深度思考。

集成电路产业作为国家科技自立自强的核心支柱，承载着推动国家经济和技术发展的重任。在全球科技竞争日益加剧的背景下，国家对高端芯片技术的需求愈加迫切，集成电路产业的重要性愈发凸显。在这次实践中，我深切体会到了集成电路行业在国家战略中的关键地位。无论是生产线上的技术突破，还是企业间的创新合作，所有这些努力都在推动着我国集成电路技术的自主创新与飞速发展。通过实地走访企业，我们看到了各企业在集成电路设计、制造、封装等各个环节的巨大努力。从技术工艺的精湛细节到生产流程的严密管理，企业不仅为国家科技实力的提升提供了技术支持，也为国家科技安全构筑了坚实的屏障。这让我深刻意识到，未来的科技竞争不仅依赖于技术的进步，更需要不断创新和坚持。

此次实践活动也是学校"红色筑梦"实践育人理念的一次延续。学校一贯注重培养学生的综合素质，不断推动实践育人教育方式的创新与迭代。通过社会实践，我们不仅能将课堂上学到的理论知识运用到实际问题中，更能在实践中培养责任感、团队精神和创新能力。学校通过各种实践活动，引导我们在更广阔的视野中思考个人与社会的关系，从而培养我们更好地为国家和社会服务的能力。

在走访中，最让我印象深刻的是参观几家知名企业和科研院所。每到一处，都让我对集成电路产业的各个环节有了更深的了解。例如，渝芯科技在创新技术上的坚持，使其在模拟集成电路芯片制造领域取得了大量成就，荣获了多项政府颁发的技术奖项，被国家评为国家级专精特新"小巨人"高科技企业。在重庆市集成电路产业展示中心，我们有机会了解到我国集成电路产业的发展历程、未来方向，以及如何应对国际挑战。这让我更加深刻地认识到技术创新对国家科技发展的重要性。这些企业的成功不仅源自技术的突破，更是他们坚持创新、勇于挑战的结果。通过走访，我认识到在未来的职业生涯中，我们不仅要扎实掌握专业技能，还要勇于迎接新的挑战，不断创新，脚踏实地，才能在行业中有所建树。

此外，在这次实践活动中，我有机会与多位校友进行了面对面的交流。

从他们那里，我了解到了行业从业者的成长路径和工作经历，并从中汲取了宝贵的经验。例如，一位在集成电路设计领域工作的校友分享了他从学生到行业精英的成长历程。他特别强调，作为科技工作者，拥有扎实的专业知识只是基础，绝不能局限于书本内容，还需要具备灵活应对行业变化的能力和敏锐的市场洞察力。这让我意识到，面对飞速发展的科技行业，我们不能只停留在固有的知识框架中，而要在实践中不断学习和进步，才能跟上时代发展的节奏。

聆听前沿报告也是让我深受启发的一个重要环节。报告中，行业资深专家详细介绍了集成电路设计中的前沿技术以及未来的发展趋势。这不仅拓宽了我的视野，也让我更加明确了未来的职业方向。这些前沿技术让我看到了集成电路产业的广阔前景，也让我更加坚定了从事该行业的信念。

通过这次实践活动，我深刻体会到，作为新时代的青年，我们不仅要具备扎实的专业知识，还要通过实践不断提高自身的综合素质。在未来的学习和工作中，我将继续秉持科技报国的初心，不断提升自己的实践能力和创新精神，努力在青春的赛道上跑出当代青年的最好成绩。

◎ 李镇宇

集微之光，照亮"芯"路

　　这次重庆之行，让对集成电路充满热忱之心的我，在西电重研院和各家集成电路公司的探访中，感受到了震撼和启迪。从课堂上的理论知识到实际产业的真实应用，每一处细节都让我受益匪浅，更坚定了我未来投身于集成电路领域的决心。

　　在西电重研院，我看到了国家意志与科技力量的完美融合。站在这个集芯片设计、制造、封装测试于一体的国家级科研院所，我仿佛看到了中国芯片产业崛起的希望。重研院在核心技术研发方面取得的突破，让我对中国芯片未来的发展充满了信心。同时，重研院对人才培养的重视，也让我对未来的学习和研究方向有了更清晰的规划。

　　在集成电路企业，我体会到了产业发展与市场需求的紧密结合。每一座工厂都有着高效的生产节奏，每一款芯片都凝聚着无数人的智慧和汗水。从设计到制造，从封装到测试，整个产业链上各环节的协同合作让我看到了集成电路产业的复杂性和挑战性。同时，我也看到了集成电路领域对人才的巨大需求，以及行业未来发展的无限可能。

　　通过与在集成电路领域取得成就的校友进行访谈，我受益匪浅。他们分享了自己在校学习的心得和工作实践的经验，并对行业未来的发展趋势进行了分析。我从他们的分享中汲取了宝贵的经验，也更加坚定了未来的职业选择。

这次重庆之行，让我看到了集成电路行业的广阔前景，也更加坚定了自己的职业目标。我会牢记这次旅程的感悟，不断努力，为成为一名优秀的集成电路工程师而奋斗。同时，我也意识到，集成电路行业是一个需要长期积累和不断突破的领域。我需要保持一颗不断学习和进取的心，不断探索新知识和新技术，为未来的职业发展奠定基础。我相信，在未来的道路上，我会用自己的知识和技能，为中国芯片产业的发展贡献一份力量，为集成电路行业的未来添砖加瓦。

最后，我要感谢西安电子科技大学集成电路学部组织的这次活动，让我有机会深入了解集成电路产业，感受产业发展的前沿动态，这将是我人生道路上一段难忘的经历！

◎ 湛百川

不惧困难、永不止息的探索者

芯片的设计与制造，实质上是一门生产的学问。在过去一年的时间里，我主要是在学校里学习理论知识，对于如何将知识运用于实际所知甚少。我像是在迷雾中寻找方向，学习目标也不明确。而本次实地参观，让我直观地了解到了半导体行业的实际运作情况，包括生产流程、技术研发、产品应用等，还加深了我对知识的理解。同时，通过与校友和 HR 的访谈，我认识到了半导体行业中不同的职业路径和职位需求，进一步加深了对半导体行业的了解。

本次为期三天的实践活动，我们前往三家企业进行参观和访谈，分别是极海微电子、一微半导体、英诺赛科。其中，极海微电子主营业务包括集成电路设计、集成电路销售、集成电路芯片设计与服务，以及打印机耗材芯片领域。我们参观了该企业的工作间和打印机博物馆，企业方面也为我们介绍了数字电路设计相关的职位及入职要求。一微半导体在机器人运动控制和同步定位导航（SLAM）专用 SoC 芯片设计领域占据领先地位，企业接待人员为我们介绍了模拟电子电路设计的相关知识以及该领域所需要的职位技能。英诺赛科专注于第三代半导体硅基氮化镓的研发与产业化，向我们介绍了第三代半导体的运用。

在这次访谈的过程中，我深入了解了半导体行业人才所需要的技能和行业的未来前景。半导体行业是一个高成本且市场应用广泛的行业。在访谈的过程中，我意识到目前学校教学中欠缺的实践部分，正是实际生产中必不可少的部分。高成本的流片过程暂且不谈，但在过去一年的学习中，我们连基本的电路仿真也使用甚少。这次实践让我意识到了这一点，因此，在之后的学习过程中，我需要将理论知识的学习与实践结合起来，避免在动手实操时手足无措。

此外，学长还向我们分享了他们的求学之路，讲述了他们如何从一名学生逐步成长为行业工作者，以及在这个过程中遇到的困难和需要注意的细节。他们的分享让我们受益匪浅。

通过这次采访，我对自己的职业规划也有了更明确的认识。我意识到，要想在职场中取得成功，不仅要具备扎实的专业知识，还要注重提升自己的综合素质，包括沟通能力、团队协作能力、创新能力等。同时，我也要密切关注行业的发展趋势，不断学习新知识、新技能，以提升自己的竞争力。

◎ 陈梓安

科技之光，梦想起航

今年暑假，我有幸参加了学部组织的"集成电路强国行"主题实践活动，踏上了珠海这片充满活力的创新热土。这是一次深刻而震撼的学习体验，从一微半导体到英诺赛科，再到极海微电子，每一处都闪耀着科技与梦想的璀璨光芒，让我对芯片行业的未来充满了无限憧憬。

在本次珠海之行中，我印象最深刻的是参观极海微电子的经历。我参观了从设计、生产到测试的芯片全流程制造过程，加深了对课内外知识的理解与运用。在参观过程中，我特别留意了极海微电子的研发部门和生产车间。在研发部门，我见证了工程师们如何运用先进的软件和硬件设备，进行复杂而精细的集成电路设计。他们通过不断模拟、测试和优化，力求在每一个细节上达到完美，以确保产品的性能和稳定性达到最优。这种对技术的极致追求和精益求精的态度，让我深受感动和启发。

除了生产过程，我还深入了解了极海微电子在技术创新方面的成就和贡献。作为一家在集成电路设计领域具有显著实力的企业，极海微电子始终将技术创新作为企业发展的核心驱动力。他们拥有一支由资深专家和年轻才俊组成的研发团队，致力于开发具有自主知识产权的高性能集成电路产品。通过持续的研发投入和技术积累，极海微电子在智能微控制器、高性能模拟芯片及系统级芯片等领域取得了显著成果，研制的产品成功应用于智慧家居、高端消费电子、汽车电子、工业控制以及智慧能源等多个领域。

在参观过程中，我还特别关注了极海微电子对知识产权的重视和保护。我了解到，极海微电子已经申请了 300 多项全球授权专利，这些专利不仅覆盖了公司的核心技术领域，还为公司未来的技术创新和市场拓展提供了坚实的法律保障。我深刻体会到，在科技领域，知识产权是企业最宝贵的无形资产之一，只有加强知识产权的保护和管理，才能确保企业的核心竞争力和可持续发展能力。此外，我还从极海微电子那里学到了许多宝贵的管理经验和企业文化。他们注重人才培养和团队建设，为员工提供了广阔的发展空间和良好的职业晋升路径；他们倡导开放合作和共赢共享的理念，积极与国内外知名企业开展合作与交流；他们还积极履行社会责任，注重可持续发展，通过参与公益事业和环保活动来回馈社会。

此次实践活动，不仅让我领略到了微电子行业的魅力与风采，更让我对科技的力量有了更深的认识和感悟。我深刻体会到，在这个日新月异的时代，只有不断创新、不断追求卓越，才能在激烈的竞争中立于不败之地。同时，我也更加坚定了自己投身科技事业的信念和决心。在未来的日子里，我将继续努力学习、不懈奋斗，为中国微电子行业的发展贡献自己的力量。

◎ 高展铭

逆风破浪，成为青年"芯"力量

这次"集成电路强国行"主题实践活动具有多重意义。通过实践，我认识到将课堂上学到的理论知识与实际工作相结合的重要性。这种结合有助于加深我们对芯片设计和制造过程的理解，可以提高解决实际问题的能力。这次实践活动不仅充实了我们的经历，为我们未来在半导体行业的职业生涯打下了坚实的基础，还为我们提供了宝贵的学习和实践经验，有助于我们认清行业现状，提升专业素养，明确个人学业目标及职业规划。

当前，我国芯片研发仍有不足。中国在高端芯片领域的技术积累相对薄弱，大部分核心技术依赖进口，这在一定程度上限制了芯片的自主创新能力和市场竞争力。而在企业走访过程中，我们发现中国芯片产业在设计、制造、封装测试等关键环节存在短板，尤其是高端制造设备和材料依赖进口，严重影响了产业的自主可控能力。针对以上薄弱环节，政府和企业应共同加大对芯片产业的投资力度，鼓励技术创新和研发活动，以减少对外部核心技术的依赖；同时，还需要建立健全的芯片人才培养机制，包括高等教育、职业培训和国际人才引进计划，以解决人才短缺问题；此外，还应制定长远的产业发展战略，避免短期行为对行业健康发展的不利影响，确保芯片产业的可持续发展。这些综合性措施可以有效地提升芯片行业的自主创新能力和国际竞争力，为国家安全的稳定和社会经济的长期增长提供有力保障。

　　作为大学生，我们应在推动中国芯片行业发展中扮演好重要角色。我们要打好专业基础，无论是电子工程、计算机科学还是物理学等相关学科，都要认真学习，掌握相关专业理论。对于选修课程，我们应主动选择与芯片设计、制造相关的课程，如集成电路设计、半导体物理等，以获得更深层次的知识。同时，我们还要培养终生学习的习惯，保持对新知识的渴望和好奇，紧跟技术前沿，不断提升自己的专业素养，为自身的职业发展打下坚实的基础，为中国芯片行业的发展贡献力量。

◎ **李澍阳**

集微成著，创国"芯"辉煌

　　作为一名集成电路专业的大二学生，我一直对芯片行业充满浓厚的兴趣和热情。在暑假期间，我有幸与同学们一起前往珠海参观了几家芯片企业，为期两天的参观与访问经历给我留下了深刻的印象。

　　我们参观了几家专注于芯片设计与应用的企业。在这些企业中，企业代表向我们介绍了他们的发展历程和专攻方向，带领我们参观了晶圆生产与加工车间。通过参观生产线和设备，我对芯片制造的复杂性和精密度有了更为直观的认识，同时对中国集成电路设计行业的现状有了更深入的了解。参观过程中，企业代表强调了创新和技术研发的重要性，让我深刻意识到，在这个行业中不断追求创新是至关重要的。

　　在了解了各家企业的概况后，我们有幸聆听了校友的分享。他们已经在芯片行业工作多年，向我们介绍了自己的工作经验和成长历程。许多校友都强调了专业课程学习的重要性，以及对技术不断追求的必要性，同时鼓励我们要树立终生学习的意识，保持坚定的信念和不懈的努力。他们的分享使我受益匪浅。

　　通过这次参观与访问，我更加深刻地认识到了中国集成电路设计行业的现状与前景。中国芯片行业在技术水平和创新能力上已经取得了显著的进步。国内企业在芯片设计、制造和封装测试等领域都取得了重大突破，部分企业已经拥有了自主研发的核心技术。未来，随着政府对芯片技术研发支持力度的加大，以及企业自身创新意识的增强和投入的增加，中国芯片行业的技术水平和创新能力将继续提升。

在当今科技迅猛发展的时代背景下，全世界对芯片的需求量急剧增加，推动了集成电路设计行业的快速发展。与此同时，中国对芯片行业人才的需求也日益增长，企业对人才的要求更加专业化和多元化。随着中国经济的持续增长和科技产业的蓬勃发展，预计芯片行业的市场需求将持续攀升。同时，中国政府在推动芯片产业发展方面也制定了一系列政策和计划，未来中国芯片产业规模将进一步扩大。也正因如此，当前中国芯片行业对高素质人才的需求极为迫切，涵盖芯片设计、制造、封装测试、应用开发等多个领域。当前，中国各大高校和科研机构也在加大对集成电路领域人才的培养力度，未来将有更多高素质人才投身芯片行业，为行业的发展提供强大支撑。

对于中国芯片未来的发展，我充满信心和期待。我相信，随着中国芯片产业的不断壮大和技术的不断创新，国产芯片必将在世界舞台上大放异彩。作为一名即将踏入这个行业的学生，我愿不断学习、不断进步，为实现中国芯片强国梦而努力奋斗。虽然任重而道远，但我坚信，通过自己的不懈努力和持续追求，我一定能够为中国芯片产业的发展贡献自己的力量。

结　语

　　这些珍贵的第一手资料，不仅展示了同学们在集成电路领域的学习成果和成长经历，也反映了他们对行业的深刻理解及对未来的无限憧憬。

　　从他们身上，我们看到了年轻一代在技术浪潮中积极探索、不懈追求的身影。他们面对挑战时的勇气、解决问题时的智慧以及对知识无尽的渴望，都为集成电路行业注入了新的活力和创新动力。

　　希望读者们能从他们的实践体会中获得启发，在学术研究和职业生涯中找到属于自己的方向，实现个人价值，共同推动集成电路行业迈向更加辉煌的未来。